Научна - СНС

I0439238

КАКО ДО СВЕТЛИЈЕ БУДУЋНОСТИ

Београд, 2004.

САДРЖАЈ

ПРЕДГОВОР 5

ОСНОВНИ ПРАВЦИ ДРУШТВЕНОГ РАЗВОЈА 7

др Живко Марковић
НЕОПХОДНОСТ ИНТЕГРАЛНЕ РЕВОЛУЦИЈЕ 25

др Слободан Покрајац
СТРАТЕГИЈА ТЕХНОЛОШКОГ РАЗВОЈА КАО КЉУЧ
ЕКОНОМСКОГ ОПОРАВКА И ОБНОВЕ НАШЕГ ДРУШТВА 39

др Драго Т. Пантић
ЕКОНОМСКЕ И ОРГАНИЗАЦИОНО-ПЕДАГОШКЕ
РАЦИОНАЛИЗАЦИЈЕ ОБРАЗОВАЊА У СРБИЈИ
И ЦРНОЈ ГОРИ 53

др Вера Пилић-Ракић, др Ђорђе Врцељ
ОСНОВНЕ КОНЦЕПЦИЈЕ СТРАТЕГИЈЕ
ДРУШТВЕНО-ЕКОНОМСКОГ РАЗВОЈА 63

др Јеремија Симић
КОНЦЕПТ И ДЕТЕРМИНАНТЕ ОДРЖИВОГ РАЗВОЈА
ПОЉОПРИВРЕДЕ И АГРАРНОГ СЕКТОРА 69

др Драган Марковић
ПЕРСПЕКТИВА ПОЉОПРИВРЕДЕ И СЕЛА ЈЕ У ЗАДРУГАРСТВУ 83

др Ненад Ранковић, др Миливој Вучковић, мр Богдан Стефановић
ОСНОВНИ ЕЛЕМЕНТИ ЗА СТРАТЕШКО ПЛАНИРАЊЕ
РАЗВОЈА ШУМАРСТВА СРБИЈЕ 95

др Бранко Главоњић
СТРАТЕГИЈА РАЗВОЈА ДРВНЕ ИНДУСТРИЈЕ СРБИЈЕ 113

ПРЕДГОВОР

У низу напора да тековине науке стави у функцију друштвеног развоја, Савез научних стваралаца излази у јавност са својом визијом основних праваца друштвеног развоја, израђеној на основу бројних научних истраживања и сазнања. Потреба за тим је утолико ургентнија с обзиром да не постоји не само научно заснована него и било каква стратегија интегралног развоја.

Од владајућих странака не може се очекивати да сачине или подрже стратегију интегралног развоја, која подразумева и промену постојеће власти, а ниједна власт не жели да буде промењена. Али то се не може очекивати ни од опозиционих странака које се боре за сопствену власт јер интегралног развоја друштва не може бити без његове демократизације, која заправо значи демонополизацију власти.

Основно полазиште презентиране визије интегралног развоја је управо научно спозната неопходност суштинске демократизације друштва, као незамењиве покретачке снаге свих развојних чинилаца. Већ достигнути ниво технологије упућује на неопходност све веће мобилизације целог друштва на овладавању све сложенијим токовима друштвене репродукције, што значи да је монополизација управљања друштвом у било којем облику све теже одржива.

Презентирана визија је назнака могућег излаза из дубоке националне и планетарне кризе до које је довела неодржива централизација аутократског дириговања савременим токовима друштвене репродукције. Она је самим тим и назнака алтернативне стратегије истинске демократизације међународне заједнице насупрот глобалистичкој стратегији савремене колонизације, заснованој управо на централизацији економске и политичке моћи од стране колонијалних сила.

Али никакве визије неће помоћи без организованог ангажовања демократски оријентисаних снага на остваривању демократских тежњи, подстицању и усмеравању интегралног развоја, како на националном тако и на међународном плану. Покушај да се на основу објективног сагледавања развојних тенденција, сачини нека визија неопходних промена, може представљати само подстицај и идејни оријентир таквом ангажовању.

Наш напор треба схватити само као иницијални покушај да се сачини научно заснована визија интегралног друштвеног развоја, на чијем стварању треба стално радити. Више ће нас радовати ако наша презентирана мишљења подстакну нове стваралачке напоре и критичка преиспитивања него ако прођу без озбиљнијих примедби. А најбоље ће бити ако се стваралачка активност на сагледавању реалних могућности и основних праваца друштвеног развоја буде стално ширила и продубљивала.

ОСНОВНИ ПРАВЦИ ДРУШТВЕНОГ РАЗВОЈА

Преузето из часописа „Стваралац" бр. 5

1. УВОДНЕ НАПОМЕНЕ

Потреба за дефинисањем основних праваца друштвеног развоја проистиче из дубоке планетарне кризе условљене непомирљивим сукобом закономерних тенденција развоја и ретроградних тенденција његовог заустављања. У основи тог сукоба је сукоб интереса владајућих колонијалних сила и већине колонизираног света, који се бори за опстанак.

Док колонијалне силе имају разрађену стратегију колонијалних освајања, земље изложене колонизацији немају никакве стратегије или је она подређена стратегији колонизације. Намеће се, међутим, питање не затварају ли се тиме дугорочне развојне перспективе целе Планете, па и самих колонијалних сила.

Стога се указује потреба за алтернативном стратегијом равномерног развоја међународне заједнице, унутар које ће се као њен интегрални део, свака национална заједница самостално развијати према сопственим потребама и могућностима. То у суштини значи отварање перспектива за стварање слободне заједнице равноправних народа, као демократске алтернативе владајућем колонијалном поретку.

Због драстичног смањења улагања у науку и образовање и енормне миграције истраживачког и стручног кадра, као најзначајнијих развојних чинилаца, наша земља се налази у изузетно тешкој ситуацији. С обзиром на политичке поделе и искључивости, мали су изгледи да се постигне друштвени консензус о дугорочним правцима интегралног развоја.

Да би се сачинила конкретна стратегија интегралног развоја, била би неопходна не само темељита истраживања развојних могућности, већ и научна предвиђања међународног положаја наше земље, који ће битно зависити од интегралног развоја целе међународне заједнице. Овде је учињен покушај да се, на основу расположивих сазнања, дефинишу основни правци тог развоја, којим би у основи био (пред)одређен и самостални развој наше земље, као интегралног и неодвојивог дела међународне заједнице. Они би могли послужити као идејна пројекција за израду конкретне стратегије дугорочног развоја било које националне заједнице.

У основи те пројекције су познати општечовечански идеали слободне људске заједнице у којој ће сви бити слободни и равноправни, без обзира на расну, националну, социјалну и сваку другу припадност. Они су и до сада представљали основну идејну оријентацију и покретачку снагу друштвеног развоја, па би тако морало бити и убудуће.

Покушај да се дефинишу основни правци друштвеног развоја резултат је досадашњег рада Савеза научних стваралаца, и у даљем раду треба да му послужи као идејна основа систематског утицања на друштвене промене помоћу научних сазнања. У исту сврху може послужити и другим прогресивним организацијама и појединцима у несебичној борби за друштвени развој и свеколики прогрес.

Презентирани текст „Основни правци друштвеног развоја" је, на основу научних расправа у Савезу научних стваралаца и наменских прилога једног броја аутора, уобличио проф. др Живко Марковић, и он је стално отворен за научну критику и стваралачко дограђивање. Очекујемо од његових корисника да се на том послу, у општем интересу, несебично ангажују.

2. ПОЛАЗНЕ ОСНОВЕ

Људско друштво је на великој прекретници: самоуништења или даљег убрзаног развоја, краја или почетка људске историје. У незајажљивим људским амбицијама повратка, а ни стагнације нема. Једина изгледна перспектива је даљи развој, као што све живо опстаје само ако се развија.

Темеље даљег развоја чине историјске тековине и дугорочни трендови друштвене репродукције. У основи савремених токова репродукције су општедруштвене тенденције развоја међународне заједнице, а специфичности развоја појединих националних заједница проистичу из разлика у објективним условима репродукције, пре свега природне средине и историјског наслеђа.

Досадашњи токови друштвене репродукције одвијали су се превасходно у правцу гомилања материјалног богатства, у чијој је функцији била и репродукција људског живота. Сада су они достигли критичну тачку када прети опасност да сулуда трка за профитом уништи и сам живот, или ће ствар морати потпуно да се обрне тако да се продукција профита и укупног материјалног богатства стави у функцију репродукције живота целог човечанства.

Концентрација материјалног богатства на једној, и животне беде на другој страни, достигла је и у националним и у међународним размерама, свој врхунац када више није могућа никаква концентрација. Човечанство је стога почело да се врти у круг са снажним ретроградним тенденцијама које му прете уништењем.

У безобзирној трци за профитом убрзано се исцрпљују природне резерве постојећег начина друштвене репродукције, укључив и могућности физичког исцрпљивања људске радне снаге. Решење се може потражити једино у неисцрпним могућностима људског интелекта усмереним на корените мењање самог начина репродукције, којим ће се радикално променити однос, и према људском животу и према његовим природним ресурсима.

Досадашњи начин репродукције класно подељеног произвођачког друштва довео је до великих диспропорција у њеним токовима. Научно-технолошка револуција није праћена одговарајућим социјално-економским и друштвено-политичким променама, због чега је настао дубоки јаз између развојних тенденција материјалне производње и окошталих производних односа блокираних одређеним класним интересима и на њима заснованим политичким и социјално-економским мерама. Док у производњи све значајнију улогу добијају стваралаштво и знање, у политици царују мистицизам и дилентатизам којима се запрећу и гуше прогресивне друштвене тежње као израз објективних и закономерних развојних тенденција.

Политичком контрареволуцијом гуши се и научно-технолошка револуција. То се огледа, прво, у томе што се са међународном централизацијом капитала врши и међународна централизација научно-истраживачког кадра, чиме се огромна већина човечанства лишава стваралачких а тиме и развојних могућности, и друго, што се стављањем у приоритетну функцију остваривања профита по сваку цену, врши рестриктивно усмеравање научних истраживања, чији се резултати уместо за унапређивање често користе за разарање људског живота у нехумане и агресивне сврхе.

Као главна развојна снага, наука би се уместо на разарање морала употпуности оријентисати на унапређивање људског живота, а ради тога и на коренито мењање друштвене репродукције. Човечанство не може избећи самоуништење ако све стваралачке потенцијале не усмери на стварање новог начина и услова људског живота, којим ће се уместо масакрирања вршити оплемењивање животне средине и самог живота. Неподношљиви јаз између развијених и неразвијених може се на прелазу у слободно стваралачко друштво превазићи само ако неразвијене земље задрже и даље развијују свој стваралачки потенцијал као најнеопходнији и најдрагоценији развојни чинилац. Једино тако ће моћи и да се уместо увоза застарелих, преоријентишу на стварање и извоз нових технологија, без чега о превазилажењу постојећег јаза не може бити ни говора.

Увођење новог начина друштвене репродукције којим ће бити омогућен напредак целог човечанства, није међутим, могуће без увођења нових продукционих односа при којима ће сви носиоци репродукције бити не само оспособљени већ и максимално мотивисани за стварање и примену нових и здравих технологија. То подразумева да у расподели и присвајању новостворене вредности, као и у располагању средствима и управљању токовима друштвене репродукције сви суделују према свом доприносу, што је неизоставни услов да се у борби за опстанак и даљи напредак човечанства максимално мобилишу све његове снаге.

Основа таквих промена је у демократизацији својинских односа, која подразумева истовремену индивидуализацију и социјализацију (приватизацију и подруштвљавање) власништва на средствима друштвене репродукције, на чему се заснивао и досадашњи друштвени развој. Слободно (добровољно) подруштвљавање приватног власништва и привређивања отпочело је негде средином XIX века кроз изворно задругарство, а приватног капитала кроз све масовније деоничарство и акционарство, на којима почива убрзани развој савременог капитализма.

Једнострана усмереност на приватизацију без истовременог подруштвљавања дала је транзицији источноевропских земаља ретроградни смер са интерном дезинтеграцијом и екстерним потпадањем под колонијалну зависност. Уместо напредовања назадује се, уместо стварања новог разара се постојеће, уместо окретања будућности окреће се прошлости. С енормним падом производње, животног стандарда и улагања у науку и образовање, те поражавајућом миграцијом истраживачког и стручног кадра, нестају и расположиви развојни потенцијали.

Да би се кренуло напред, морао би се ретроградни тренд транзиције потпуно обрнути, како би се транзиција уназад преокренула у транзицију унапред. Неразвијене земље се не могу ни приближити развијеним ако за њима тапкају и само копирају њихова искуства. Да би их достигле, морају максимално мобилисати све развојне потенцијале, а пре свега расположиве стваралачке снаге јер само сталним иновацијама у свим сферама друштвене репродукције могу стално убрзавати сопствени развој, пошто се морају развијати брже од оних за којима заостају.

То је истовремено неопходан али и обострано зависан услов ослобађања од колонијалне зависности јер без економске и политичке самосталности нема ни слободног развоја. Руководећи се себичним интересима колонијалних сила, неоколонијалистичка политика мондијализма све више успорава или потпуно кочи развој неразвијених за рачун одрживог развоја развијених, што целу међународну заједницу вуче у све дубљу кризу.

Спроводници такве политике су и ауторитарни национални режими колонизираних земаља, који у служби најауторитарнијих центара економске и политичке моћи, делују као трансмисије ауторитарног међународног поретка. Потпомагањем економског монополизма, тако монополизирана политика и у међународним и у унутарнационалним односима гуши све демократске тежње, при чему своди стварну демократију на пуку формалност, компромитујући тиме и саму идеју демократије.

У служби монополизиране политике, све демократске институције су претворене у инструменте аутократске владавине закамуфлиране плаштом лажне демократије. Од инспиратора демократског дијалога политичке партије су претворене у гробаре стварне демократије, а Организација Уједињених Нација од демократске асоцијације равноправних народа у инструменат колонијалне доминације најмоћнијих колонијалних сила.

Политички монополизам не може се укинути без укидања економског монополизма, али ни економски без укидања политичког јер су они само различите стране истог друштвеног односа. Зато је општа демонополизација путем демократизације економских и политичких односа неизоставни услов интегралног друштвеног развоја, којим се једино могу превазићи постојеће развојне диспропорције, као његова најозбиљнија кочница.

Због све тешње међунационалне повезаности, општа и потпуна демократизација појединих националних заједница неће бити могућа без опште демократизације међународних односа, и обратно. А она је нужан услов интегралног и равномерног развоја, како појединих националних заједница, тако и целе међународне заједнице, који се може обезбедити само превазилажењем класне и међунационалне експлоатације тако да у ефектима развоја сви равноправно партиципирају према свом доприносу.

То подразумева и корениту трансформацију формалне представничке демократије у стварну, непосредну власт самог народа, заједно са трансформацијом ауторитарног мондијалистичког поретка у демократску заједницу суверених и равноправних народа, који ће се уместо диктата великих сила равноправно договарати о мирном решавању међународних проблема у општем интересу.

Уместо супарничких политичких странака, које се у систему формалне парламентарне демократије гложе око власти, покретачку снагу општенародне власти треба да представља општенародни покрет за прогрес, који ће изражавати општедруштвене тежње, и уместо за себичне парцијалне, борити се за општедруштвене интересе, и то, пре свега, за одрживи друштвени развој, као основу остваривања свих интереса.

3. ИДЕЈНА ПРОЈЕКЦИЈА ГЛОБАЛНОГ РАЗВОЈА

3.1. Научно-технолошки развој

A. *Наука*

– Неограничена слобода научног стварања

– Стално коришћење науке и примене научних проналазака у свим сферама друштвене репродукције

– Друштвено усмеравање научних истраживања на решавање акутних проблема живота и животне средине, и одлучна борба против злоупотребе науке за њихово разарање

– Друштвени приоритет улагањима у основна, примењена и развојна истраживања

– Друштвена обавеза свих привредних субјеката да према својим могућностима партиципирају у финансирању основних истраживања

– Издвајање дела прихода од примењених и развојних истраживања за основна истраживања

– Једнака доступност научних тековина свим корисницима

– Слободна и непосредна сарадња на заједничким истраживачким пројектима свих заинтересованих истраживача и истраживачких организација

– Пуна самосталност истраживачких организација на основу самофинансирања према извршеним услугама и оствареним резултатима

– Вредновање научно-истраживачког рада према оствареним резултатима и доприносу друштвеном прогресу

– Неограничена слобода објављивања научних резултата

– Стимулисање задржавања научно-истраживачког кадра у земљи матици и повратка исељених истраживача

– Увећана накнада трошкова школовања у случају миграције истраживача

– Заштита ауторских права и интелектуалне својине

Б. *Технологија*

– Развијање технике и технологије у општедруштвеном интересу с искључењем њихове злоупотребе у нехумане сврхе и остваривање било какве и било чије друштвене доминације

– Стално увођење технолошких иновација у свим сферама друштвене репродукције

– Друштвено подстицање, усмеравање и оспособљавање свих носилаца друштвене репродукције за прихватање и примену нових технологија

– Непрекидна тежња за технолошким предњачењем и применом највиших технолошких стандарда

– Коришћење свих расположивих и проналажење потенцијалних извора за улагања у техничко-технолошки развој

– Ослобађање од технолошке зависности јачањем сопственог технолошког потенцијала, технолошком сарадњом и смањивањем увоза застарелих технологија

– Забрана промета и коришћења прљавих, по живот и животну средину штетних технологија

– Заштита животне средине од свих врста технолошког и других облика загађивања

В. *Образовање*

– Перманентно образовање у складу са захтевима научно-технолошког прогреса

– Усклађивање програма и планова образовања са потребама и могућностима друштвеног развоја

– Улагања у развој образовања према потребама интегралног друштвеног развоја

– Образовање целовите и свестрано развијене личности

14

- Непосредно повезивање науке и образовања и оспособљавање за научно истраживање током целог школовања
- Претварање васпитаника из објекта у субјекта образовања и јачање улоге самообразовања
- Демократизација школе и превазилажење душебрижничке ауторитарности васпитача
- Стално подизање стручног и педагошког нивоа наставног кадра, као и његово оспособљавање за прихватање савремених технологија у наставном процесу
- Васпитање у духу хуманизације људске личности: прогресивности, истинољубивости, слободољубивости, алтруизма, правдољубивости, демократичности, патриотизма, интернационализма, искрености, скромности, критичности и самокритичности, итд.
- Вредновање наставног рада према значају и доприносу друштвеном развоју, односно према сложености и стварним резултатима образовања
- Вредновање резултата образовања и успеха васпитаника на основу развијања стваралачких способности и испољене креативности

3.2. Социјално-економски развој

А. *Демократизација својинских односа*

- Јачање производне и стваралачке мотивације свих носилаца друштвене репродукције путем демократизације својинских односа
- Истовремена индивидуализација и социјализација (приватизација и подруштвљавање) својинског субјективитета на основним средствима друштвене репродукције, путем развијања задругарства и масовног акционарства
- Развијање задругарства путем: доследне примене и стваралачког дограђивања изворних задружних начела; ширења задругарства на све области друштвене репродукције; трансформације отуђеног задружног власништва у заједничко власништво

задругара; стимулативне расподеле према доприносу резултатима заједничког рада и пословања; демократизације и рационализације задружног управљања; ширења задружног заједништва непосредним пословним повезивањем и удруживањем; већег ангажовања задругарства у решавању општедруштвених проблема; развијања међународне задружне сарадње непосредним повезивањем задруга и путем задружних савеза

– Развијање акционарства путем: све масовније партиципације запослених и незапослених грађана у акционарском власништву; суделовања запослених у расподели остварене добити и по основу доприноса живим радом; равноправног суделовања акционара у управљању акционарским друштвима према величини удруженог капитала; све већег суделовања запослених у управљању по основу живог рада

– Заштита својине и својинских права свих грађана, и спречавање свих облика нелегалног присвајања туђег

– Неговање високог пословног морала у свим сферама друштвене репродукције

Б. *Привредни развој*

– Примена принципа одрживог развоја, рационално коришћење свих природних ресурса и енергије и унапређивање животне средине

– Планско усклађивање и усмеравање привредног развоја на основу економских законитости и тржишних кретања

– Превођење сиве економије у легалне токове

– Унапређивање свих чинилаца продуктивности

– Развијање флексибилне организације привређивања прилагодљиве профитабилним програмима

– Репродукционо повезивање привредних субјеката на основу заједничких програма и заједничког наступања на унутрашњем и међународном тржишту

– Развијање међународне поделе рада и кооперације на принципима равноправне сарадње, заједничких улагања и еквивалентне расподеле према улагањима и доприносу у реализацији заједничких програма

16

- Преструктурирање домаће привреде у складу са међународном поделом рада, компаративним предностима и захтевима тржишта
- Активирање и максимално коришћење постојећих привредних потенцијала
- Планско школовање и усавршавање потребног стручног кадра, и заустављање његове миграције пре свега стимулативним економским и социјалним мерама
- Развој индустрије првенствено на бази домаћих сировина и њихове финализације
- Привлачење свих потенцијалних инвестиција, првенствено на принципу самофинансирања (сопствене акумулације, задружних улога и удела, продаје акција и заједничких улагања)
- Задуживање само под повољним кредитним условима
- Опорезивање у функцији подстицања привредног развоја
- Приватизација државних и тзв. друштвених предузећа њиховом трансформацијом у задружне организације и акционарска друштва са већинским власништвом запослених и домицилних власника
- Задржавање у националном поседу природних богатстава и јавних предузећа од стратешког значаја
- Удруживање самосталних привредника на задружним и акционарским принципима
- Подстицање и потпомагање страних инвеститора, посебно заинтересованих исељеника у оснивању нових предузећа, производних погона и услужних организација
- Унапређивање индустријске производње сцијентизацијом, технологизацијом, аутоматизацијом и компјутеризацијом производних процеса
- Због изузетног привредног и еколошког значаја, максимално подстицати развој пољопривреде и шумарства

Б1. *Пољопривреда*
- Подстицање производње здраве и квалитетне хране

– Социјализација пољопривреде и села на задружним начелима, посебно развијањем специјализованих пољопривредних задруга

– Убрзана механизација, аутоматизација и хемизација пољопривредне производње

– Оспособљавање пољопривредних стручњака за стално иновирање и унапређивање пољопривредне производње

– Рационално коришћење земљишта, пољопривредне механизације и свих расположивих производних потенцијала

– Очување, заштита и рационално коришћење флоре и фауне, подземних и површинских вода

– Стварање неопходних услова за наводњавање

– Индустријализација пољопривреде и финализација пољопривредних производа све до потреба крајњег потрошача

– Непосредно репродукционо повезивање пољопривредних произвођача са прерађивачима и произвођачима опреме, репроматеријала и енергената, на принципима заједничких улагања, заједничке производње и реализације

– Непосредно повезивање произвођача и потрошача здраве хране, уз производњу по поруџбинама и равноправно договарање о условима снабдевања, посебно путем задружног организовања

– Организовано обезбеђивање пласмана пољопривредних производа на домаћем и страном тржишту

– Ширење асортимана прехранбених производа, нарочито у области сточарства, воћарства и повртарства

– Примена међународних стандарда у производњи пољопривредних, нарочито прехранбених производа

– Убрзана урбанизација села у свим сферама живота

– Стално подизање нивоа културе и квалитета живота сеоског становништва

Б2. Шумарство

– Програмирано усмеравање развоја шумарства помоћу основног националног програма и пратећих програма

– Подстицање интереса и законска обавеза свих власника и корисника шума за пошумљавање, гајење и рационално коришћење шума и шумских производа

– Приватизација државних и подруштвљавање приватних шума на задружним начелима

– Изградња путне инфраструктуре, осавремењивање механизације и увођење савремених информатичких технологија

– Отклањање узрока оболевања и сушења шума, те пресушивања шумских извора

– Обавеза улагања свих корисника шума и шумских производа у развој шумарства, издвајањем из прихода од експлоатације, промета и других облика коришћења шума и шумских добара

В. *Социјални развој*

– Стварање услова да свако сопственим радом сам обезбеђује своју економску и социјалну сигурност

– Обезбеђивање продуктивног запошљавања за све радно способно становништво

– Организовано презапошљавање технолошких вишкова о трошку послодавца

– Обезбеђење животног минимума, социјалне и здравствене заштите за све радно неспособне и привремено незапослене због недостатка посла

– Колективно задовољавање одређених животних потреба на принципу узајамне солидарности

– Демократизација фискалног система и све већа замена фискалних захватања добровољним демократским удруживањем средстава за заједничке и општедруштвене потребе

– Успостављање равноправних односа између корисника и давалаца услуга демократизацијом јавних предузећа и установа на задружним начелима

– Превазилажење социјалних и економских неједнакости смањивањем класне експлоатације, развијањем еквивалентне расподеле према радном доприносу, укидањем монополских позиција, изравнавањем и компензирањем неједнаких услова привређивања

– Уједначавање основних услова школовања, стручног усавршавања и образовања

– Општедруштвена дечија заштита и брига о деци

3.3. Друштвено-политички развој

A. *Друштвена заштита људске личности*

а) Општедруштвена брига о заштити и унапређивању људског живота и здравља

– Научно заснована демографска политика и друштвено усмеравање демографске репродукције, укључив искорењивање „беле куге"

– Заштита и оплемењивање природне средине

– Забрана производње и промета здравствено штетне хране, загађивања атмосфере, воде и ваздуха по живот и здравље штетним супстанцама и радијацијама

– Систематска превентивна здравствена заштита (перманентно здравствено просвећивање путем обавезне школске наставе, факултативних облика образовања и масмедија; бесплатни здравствени савети; систематски здравствени прегледи; обавезне вакцинације; доживотна робија за трговину дрогама; забрана пушења на јавним местима, итд.)

– Бесплатно лечење заразних и неизлечивих болести

– Доживотна робија, без помиловања, за сва извршена убиства с предумишљајем

б) Друштвена заштита интегритета и слободе људске личности

– Загарантована слобода јавне речи и исповести

– Загарантована слобода научног, уметничког и свеколиког духовног стварања

– Друштвена заштита истине (ригорозне санкције за обмањивање јавности из било којих побуда)

– Ригорозне санкције за личне увреде, јавне клевете и дискредитовања људске личности

– Заштита националних култура и развијање међународне културе на тековинама националних култура

в) Заштита личне својине

– Заштита сопственим радом и заслугама стеченог власништва и спречавање насилног и/или незаконитог присвајања туђег

– Вишеструка накнада украдене или насилно одузете ствари

– Искорењивање мита и корупције, привредног и друштвеног криминала (ригорозне санкције за све малверзације, доживотна забрана обављања јавних функција због примања мита, повраћај незаконито стечене имовине у вишеструком износу, санкције за покушаје подмићивања, и др.)

г) Превазилажење друштвених неједнакости

– Гарантовање једнаких личних права за све грађане и стварање друштвених услова за њихово остваривање

– Ригорозне санкције за нарушавање личних права

– Искорењивање свих облика личне дискриминације

– Доградња међународног правног поретка и опште уважавање међународних правних норми

– Спречавање свих облика националне дискриминације и нарушавања националних права

Б. *Друштвено одлучивање*

а) Непосредно одлучивање грађана

– Гарантовање права на слободну иницијативу грађана и њихових удружења

– Обавезно разматрање покренутих иницијатива од стране надлежних организација и органа, и јавно образлагање у случају одбијања

– Плебисцитарно изјашњавање о суштинским изменама односно доношењу новог устава, системских закона и основних статутарних аката локалних заједница

– Одлучивање личним изјашњавањем (референдумом, потписивањем, на зборовима или на други начин) о судбоносним питањима заједничког живота (промени државних граница, удруживања и раздруживања са другим народима, удруживању у међународне организације и заједнице, судбоносним питањима заштите животне средине, живота и здравља грађана, развојним програмима, удруживању средстава за заједничке потребе, и др.)

– Обавезно организовање непосредног одлучивања на захтев најмање 10% заинтересованих грађана

б) Скупштинско одлучивање

– Пропорционална заступљеност грађана у скупштинским телима: по полу, старости, социјалној и националној припадности, занимању и месту становања

– Непрофесионално обављање посланичких и одборничких функција

– Непосредни избори и непосредна одговорност изабраних представника бирачком телу

– Флексибилни, односно условни, мандат посланика и одборника, зависно од сагласности с опредељењем бирача

– Императивни мандат за одлучивање о изузетно значајним питањима за живот грађана

– Доношење значајних одлука тајним гласањем

– Строга подела и потпуна самосталност законодавне, извршне и судске власти

– Укидање функције шефа државе (председника републике, и сл.) и представљање државне заједнице од стране председника народне скупштине

в) Међународно споразумевање и одлучивање

– Очување националног (државног) суверенитета кроз равноправно споразумевање о међународним односима

– Превладавање политичке супремације и доминације у међународним односима

– Стварна демократизација Организације Уједињених Нација остваривањем пуне самосталности и равноправности њених чланица, и одлучивање тајним гласањем у њеним органима

– Решавање свих међународних проблема и спорова демократским средствима, без уцењивања, притисака, претњи и употребе силе

В. *Друштвено организовање и деловање*

а) Територијална организација власти

– Флексибилна и функционална територијална организација власти у служби задовољавања заједничких потреба и општедруштвених интереса грађана

– Јачање улоге и самосталности локалних заједница у задовољавању заједничких потреба грађана

– Стриктно разграничење надлежности територијалних организација власти, са потпуном самосталношћу у обављању послова који се у одређеној заједници могу најуспешније и најрационалније обављати

– Искљученост централизације функција које се могу обављати на локалном нивоу, и децентрализације функција које се морају јединствено обављати на нивоу државе

– Самостално интересно и функционално повезивање и удруживање територијалних заједница у обављању послова од заједничког интереса

– Отвореност државних граница на принципу реципроцитета

– Самостално и неограничено повезивање и удруживање државних заједница на принципима равноправне сарадње и демократског споразумевања

– Трансформација ОУН у демократску заједницу слободних, самосталних и равноправних народа

б) Интересно, друштвено и политичко самоорганизовање и деловање

– Демонополизација политике, депрофесионализација политичких функција и општа политизација друштва

– Потпуно слободно интересно, друштвено и политичко организовање и деловање грађана

– Непосредно повезивање и удруживање давалаца и корисника услуга у одговарајуће интересне заједнице, на принципима самофинансирања

– Непосредно интересно повезивање исељеника са матицом, укључујући и право на држављанство

– Право друштвених и политичких организација да покрећу иницијативе и дају предлоге за решавање проблема од општедруштвеног интереса и посебних интереса удружених грађана, и одговоран однос надлежних органа и организација према покренутим иницијативама

– Право друштвених и политичких организација да непосредно учествују у изборним активностима и предлажу кандидате за народне представнике и одговорне државне функције

в) Општенародни покрет за друштвени прогрес

– Политичку снагу организоване општенародне борбе за друштвени развој могао би да чини општенародни покрет за прогрес, који окупља све прогресивне снаге (појединце и организације)

– Политичку оријентацију Покрета могли би представљати: непрекидна борба за друштвени развој; истовремена борба за социјално и национално ослобођење; стална иницијатива за прогресивне друштвене промене; општа политизација друштва у борби за успостављање непосредне општенародне власти

– Покрет треба да се организује и делује као демократска организација, са слободном иницијативом и равноправним договарањем о заједничким активностима.

НЕОПХОДНОСТ ИНТЕГРАЛНЕ РЕВОЛУЦИЈЕ

др Живко Марковић

Београд

1. РЕВОЛУЦИЈА И КОНТРАРЕВОЛУЦИЈА

Данас се и у политици и у науци говори о научно-технолошкој револуцији и друштвеним реформама. Готово да је изтабуисана тема социјално-економске и политичке револуције, чиме се подупире реакционарна идеологија о крају историје. Али да ли је могућа научно-технолошка револуција без друштвене револуције, питање је на које се логички надовезује и судбоносно питање да ли је могућ опстанак друштва након престанка његове историје.

Научно-технолошка револуција је императив прогресивне репродукције капитала. Да би се капитал уопште репродуковао, неопходна су научна открића и технолошки изуми који омогућавају стално унапређивање начина производње. Хтели не хтели, власници капитала су у беспоштедној конкуренцији принуђени да стално унапређују његову репродукцију, или да пропадну.

Али императивни захтев револуционисања производних технологија је и револуционисање производних односа, које води демонополизацији приватног власништва, са чим се монополски власници капитала не мире јер губе повлашћене класне позиције. Отуда се у покушају помирења научно-технолошке револуције са конзервирањем капиталистичких односа, нуде социјално-економске и политичке реформе са контрареволуционарним усмерењем.

Тежиште социјално-економске и политичке контрареволуције је на ретроградној реприватизацији са централизацијом капитала у рукама малобројних власника, у којим се централизује и аутократско управљање друштвеном репродукцијом. Закономерна социјализација потискује се монополистичком индивидуализацијом власништва тако да се уместо подизања општег благостања становништва богате само повлашћени појединци, па се и стварна демократизација друштва замењује лажном демократијом, слободан развој нација гуши се колонијалним поробљавањем и принудном денационализацијом.

Социјално-економском и политичком контрареволуцијом гуши се и научно-технолошка револуција, која се, такође, изокреће у контрареволуцију. У трци за профитом не бирају се средства, укључив и злоупотребу науке и технологије, којом се беживотном профиту жртвују живот и животна средина. Научна истраживања и технолошко новаторство усмеравају се на раубовања природе и људског живота, чиме се научно-технолошка револуција заправо изокреће у њену супротност.

Из сукоба научно-технолошке револуције, без које нема репродукције капитала, и социјално-економске и политичке контрареволуције, којом се настоји конзервирати капиталистички продукциони однос, проистиче дубока планетарна криза, коју је немогуће превладати без докидања тог односа, чије је укидање, по сили репродукције самог капитала, већ одавно почело. А то указује на неопходност и преку потребу интегралне (научно-технолошке, социјално-економске и политичке) револуције, која се не може надоместити никаквим компромисним реформама.

Ако је револуција, као коренита промена постојећег стања, закономерни облик друштвеног развоја, она је на прелазу из поробљивачког у слободно стваралачко друштво, неопходнија но икада. Њену основу чини заправо историјска замена ропског произвођачког рада слободним стваралачким радом, доминација опредмећеног доминацијом живог рада, те владавине капитала владавином знања, као главним и најзначајнијим чиниоцем друштвене репродукције.

Тиме је суштински одређен стваралачки и ненасилни карактер савремене интегралне револуције, као перманентног и убрзаног развојног процеса. Све друштвене револуције су у суштини стваралачке ако значе прелаз из старог у ново и постојећег у још непостојеће, а разарачке су само уколико се старо разара стварањем новог. И пошто је стварање новог *дело људског ума*, све друштвене револуције су у суштини ненасилне, а насилне су само уколико се старо силом супротставља новом.

У основи ненасилности антикапиталистичке револуције је то што сама репродукција капитала захтева све већу и све доминантнију улогу знања, због чега су и власници капитала објективно принуђени да управљање репродукционим токовима препуштају носиоцима знања, препуштајући тиме и стварно располагање капиталом све ширем кругу носилаца друштвене репродукције. Проблем је, међутим, што власници капитала подређују знање капиталу, чиме, држећи ствараоце у најамном положају, ограничавају слободу стварања.

Право решење је да легитимним власницима капитала постану сами ствараоци, чиме се стичу услови да се репродукција капитала подреди репродукцији знања, у чију се основну функцију ставља и остваривање профита. То је и основни услов да се друштвено-економским осамостаљивањем стваралаца обезбеди пуна слобода стварања, без које не може бити ни убрзаног економског развоја. Слободно су и до сада стварали само економски независни ствараоци.

2. ДЕМОНОПОЛИЗАЦИЈА ВЛАСНИШТВА

Прави пут и неопходан услов за претварање стваралаца и носилаца знања у легитимне власнике основних средстава друштвене репродукције представља присвајање новоствoрене вредности према доприносу њеном стварању, а пошто стварању нове вредности доприносе сви носиоци друштвене репродукције, то је пут опште демонополизације власништва и опште демократизације својинских односа. Суштина савремене социјално-економске револуције заправо и јесте у присвајању према доприносу, којим се омогућава да свако својим радом и улагањима сам обезбеђује сопствену егзистенцију.

Тиме се решава вечити проблем незаинтересованости најамног произвођача за продуктивност сопственог рада, који се расподелом и присвајањем према радном доприносу ослобађа најамне позиције и за резултате сопственог рада постаје максимално заинтересован. То је императив савременог технолошког прогреса, без чијег испуњења друштво не може ни опстати ни даље напредовати.

Историјски пут демонополизације приватног власништва трасирао је развијањем задругарства и акционарства, ради сопственог опстанка, сам капитализам. У задрузи и акционарском друштву сједињени су лична и колективна мотивација, лична и колективна иницијатива, те лични и колективни интерес за што вишу продуктивност и што већи пословни успех. У акционарству је то, само по основу власништва, остварено делимично, а у задругарству, по основу рада и власништва, у потпуности.

Супротно опредељењима изворног комунизма за расподелу према раду, владајуће комунистичке партије покушале су да колективну мотивацију остваре независно од личне мотивације, одбацујући и акционарство и изворно задругарство. Са напуштањем изнуђеног лажног колективизма, „реалсоцијалистичке" земље су се скретањем у себични индивидуализам, окренуле против сваког заједништва, што их је одвело у опште растројство са погубним последицама. Уместо демонополизације државног власништва, ретроградном репривативизацијом су се одметнуле у индивидуални монополизам са малобројном елитом пребогатих и огромном масом експроприсаних без икакве мотивације за рад и стварање.

Да су самостално одређивале своју судбину, источноевропске земље би се, ради сопственог развоја, уместо за ретроградну, морале определити за прогресивну транзицију, којом се општа приватизација врши путем опште социјализације власништва, чији су социјално-економски ефекти уместо масовног сиромаштва масовно богаћење на основу сопственог рада и доприноса друштвеном развоју. Основни смисао наметнуте ретроградне транзиције није, међутим, богаћење и развој транзиционих земаља већ њихово довођење у колонијалну зависност ради још већег богаћења и развоја богатих и развијених на рачун сиромашних и неразвијених, путем денационализације, колонијалног присвајања и монополизације националног власништва од стране колонијалних монополиста.

Зато је национална демонополизација власништва практично неостварива без деколонизације као међународне демонополизације, чиме социјално-економска револуција, баш као и научно-технолошка, добија међународне размере. Једино на општој демонополизацији власништва, које без изузетка треба да припада свим људима и свим народима, може се утемељити стварно општечовечанско и општенародно планетарно заједништво.

Оно треба да се заснива на изворним задружним начелима, која изражавају генеричку суштину људског заједништва да свако у заједничком добру ужива толико колико је допринео његовом стварању, и да нико сопствену корист не остварује на рачун другога. Само доследна примена тих начела, и у унутарнационалним и у међународним односима, може гарантовати светлу перспективу и сигуран опстанак човечанства.

Стога је и историјска перспектива акционарства у целовитој и доследној примени задружних начела, по којима расподела и присвајање остварене добити и укупне новоствоhрене вредности треба да се врши према укупном доприносу и опредмећеним и живим радом. Она се и по сили репродукције самог капитала већ назире кроз све масовнију партиципацију запослених у акционарском власништву и њихово све веће суделовање у расподели и присвајању новоствоhрене вредности по оба основа.

Задругарство је спасоносна перспектива свих, па и земаља у којима је доминирало државно власништво, јер се само на задружним основама врши слободно и непосредно повезивање самосталних привредних субјеката, којим се превазилази класна и етатистичка субординација као главна кочница слободне иницијативе. Једино се на задружним начелима може конституисати слободна међународна заједница, као демократска асоцијација самосталних произвођача и стваралаца, без чије слободе и самосталности нема друштвеног напретка.

Права шанса за одржање човечанства је у активирању свих људских потенцијала, које се не може извршити без опште демонополизације власништва, чија је монополизација заправо главни демобилизатор слободне иницијативе. Вољу за рад као неизоставни услов људског одржања, може имати само онај ко средствима и резултатима свог рада слободно располаже, због чега је укидање класне и колонијалне експлоатације категорички императив даљег друштвеног развоја и самог опстанка човечанства. Ако је класна експлоатација представљала темељ и основни услов убрзаног развоја класног произвођачког друштва, темељ и основни услов развоја бескласног стваралачког друштва је слободно стварање, ослобођено од сваке експлоатације, у чему је и основни смисао савремене социјално-економске револуције.

3. ДЕМОНОПОЛИЗАЦИЈА ВЛАСТИ

Демонополизација власништва је друштвено-економска основа и основни услов демонополизације политичке власти, која треба да је пре свега у функцији демонополизације власништва као кључног чиниоца развоја слободног стваралачког друштва. Утемељена на економској власти, политичка власт се не може демократизовати без демократизације друштвено-економских односа јер она је заправо у функцији одржавања економског монопола.

Основни смисао политичке контрареволуције управо је у очувању монопола крупног капитала и његових монополских власника. Држави се не дозвољава да се уплиће у привредне токове уколико то није у интересу великих корпорација, у чију је службу стављена. Земљама „у транзицији" намеће се политика државне дерегулације, а државни органи су главни актери принудне реприватизације, денационализације и распродаје националне имовине иностраним власницима. Упућују се на оснивање малих предузећа, која се могу лако потчинити великим корпорацијама или „прогутати" у стихијној конкуренцији од стране политички заштићених тржишних монополиста. Иза колонијалистичке идеологије тржишног либерализма стоји неумољиви диктат савременог капиталистичког екстрамонополизма, који у сопственој заштити не преза ни од најбруталнијег насиља.

Пошто у служби империјалистичког монополизма може функционисати само аутократски, савремена квазидемократска држава је заједно са владајућим политичким организацијама, највећи узурпатор стварне демократије и стварне слободе. У тој служби, политичке странке су као тобожње слободоноше, претворене у инструменте најпрљавије политичке манипулације неупућеним народним масама.

Колонијама се нуде лажна слобода и лажна демократија да би се изнудиле најауторитарније колонијалне владе преко којих колонијалне силе могу владати како хоће.

Уз монополизацију капитала, као функционални инструменат, неизоставно иде и монополизација политичке власти, која је фактички у рукама власника капитала, и кад нису њени формални и непосредни носиоци. Вишестраначка парламентарна демократија је прикладна политичка фасада за прекривање и прикривање те чињенице, погодна да се стварна владавина крупног капитала и његових власника формално представља као владавина народа. Вишестраначки или једностраначки парламент само формално верификује фактички већ донесене одлуке: чланови парламента гласају по директивама својих партијских вођа, који су заточеници крупног капитала, и кад нису његови власници.

Формално већ прокламована а привидна власт народа треба демократском револуцијом да се претвори у његову стварну владавину тако што ће се формална представничка демократија трансформисати у стварну непосредну демократију. Развијањем задругарства, увођењем народне иницијативе и референдума, локалне самоуправе и партиципације запослених у управљању предузећима, таква револуција је већ одавно почела, и треба само да се доведе до краја.

Ови, монополистичком владавином потиснути облици стварне демократије, морају се даље развијати и ради прогресивне репродукције самог капитала. Пошто стварне политичке власти нема без економске власти, то ће бити могуће само уколико капиталом као основним средством друштвене репродукције, кроз задругарство и масовно акционарство буде располагао сам народ.

Али не стиче се само политичка власт економском влашћу, него се и економска власт осваја политичком влашћу, која је и сама по себи облик управљања друштвеном репродукцијом и располагања репродукционим средствима. Већ и ради тога, и пре свега ради тога, непосредно одлучивање народа мора се што више ширити на сва основна питања друштвене репродукције. Од корективног чиниоца, оно мора постати основним обликом самоодлучивања народа о сопственој судбини.

Освајање економске власти мора се вршити пре свега све већим учешћем запослених у управљању предузећима и другим привредним организацијама. Да би се акционарство развијало на задружним начелима, неопходно је да запослени у расподели остварене добити суделују и по основу доприноса живим радом, ради чега је потребно да суделују и у самом одлучивању о расподели, преузимајући одговорност за судбину сопствене фирме, што је све неопходнији услов њеног успешног пословања а и самог опстанка.

Иако је задругарство изворни облик колективног располагања заједничком имовином, и њему је неопходна политичка подршка, пре свега ради слободног развијања и доследног остваривања изворних задружних начела. Она је тим неоходнија што је и задругарство пригушено доминантном владавином економског и политичког монополизма, због чега му стварну подршку може дати само демонополизирана општенародна политика.

Таква политика не подразумева ни дуплирање ни укидање државе, већ њену стварну демократизацију претварањем из отуђене у изворну организацију народне власти. Основу такве организације чини непосредно одлучивање народа о судбоносним питањима друштва, са државном надградњом која делује у складу са непосредно израженом вољом народа, и која је за то самом народу непосредно одговорна.

То подразумева непосредне изборе народних изасланика у државне органе и њихову непосредну комуникацију са народом у обављању значајних државних функција. Императивни мандат владајућих политичких странака треба заменити императивним мандатом народа, али тако што ће се за народне изасланике бирати они који најдоследније изражавају општенародне интересе и најодлучније се боре за њихово остваривање, те неће поступати нипочијем диктату већ по сопственој свести и савести.

За такву улогу нису погодни професионални политичари који су одвојени од народа и надређени народу, због чега функције законодавне власти треба волонтерски да обављају припадници самог народа који са народом деле добро и зло, и у пуној мери осећају његове проблеме, а по потреби могу у свако доба бити и замењивани.

Демонополизација политике сама по себи подразумева њену депрофесионализацију, која је тим неопходнија што професионални политичари, бар са становишта општенародних интереса, поверене функције, по правилу, обављају непрофесионално.

Основни узрок такве непрофесионалности је што ниуједној аутократској држави професионални политичари, по правилу, не раде по сопственој свести и савести већ по диктату врховног поглавара, којем се морају повиновати да би задржали своје позиције. Демократизацијом државне власти односи политичке субординације се руше, поред осталог и укидањем позиције државног поглавара, јер у доследно спроведеном скупштинском систему заснованом на непосредној власти народа, и нема места за политичко поглаварство. Највеће прљавштине непринципијелне политике проистичу заправо из безобзирне борбе за освајање првог места на окомитој лествици политичке хијерархије.

Укидање унутардржавне субординације неизоставни је услов за укидање међудржавне субординације, али је условљеност обострана. Најозбиљнију препреку стварној демократизацији савременог друштва претстављају антидемократски притисци и квазидемократске услуге колонијалних сила, које своје колоније само преко поданичких влада могу држати у покорности. Демократске тежње човечанства пригушене су антидемократским тежњама да се из једног ауторитарног центра влада целим светом, па се и међу великим силама води грчевита борба око заузимања централне позиције.

Зато се борба за стварну демократизацију друштва мора истовремено водити и на унутарнационалном и на међународном плану. Политичком и економском потчињавању мора се супротставити развијањем равноправне сарадње, узурпирању националног суверенитета добровољним удруживањем и договорним преношењем надлежности на заједничке органе и организације, политичком диктату и насиљу демократским споразумевањем.

Уместо мондијалистичке колонијалне творевине мора се стварати истински демократска међународна заједница, у којој ће владати односи пуне самосталности, непосредног повезивања и добровољне сарадње свих народа. Најпречи пут за то је стварна демократизација постојећих међународних организација, а уколико је она неизведива, неопходно је стварање алтернативних организација удруживањем оних који су спремни за демократску сарадњу.

4. ПРОГРЕСИВНО ПРЕУСМЕРАВАЊЕ НАУЧНО-ТЕХНОЛОШКОГ РАЗВОЈА

Демонополизација власти и власништва је неизоставни услов прогресивног преусмеравања научно-технолошког развоја на остваривање општедруштвених интереса, и пре свега самог одржања човечанства у борби за опстанак људске врсте. Ради тога, неопходно је како друштвено усмеравање научних истраживања на судбоносна питања друштвеног развоја, тако и разумно коришћење научних тековина и технолошких изума у развојне сврхе.

Бесомучна трка за профитом, у коју се безобзирно упрежу наука и технологија, прети уништењем човечанства. Њу неће нити могу зауставити сами профитери, који у њој морају учествовати, или пропасти. О судбини човечанства мора бринути цело човечанство, што нико не може боље од широких народних маса чији су животи највише и најдиректније угрожени.

Само се општом мобилношћу друштва друштвена репродукција може са продукције профита преусмерити на продукцију живота, без којег ни профита неће бити. Ако је продукција људског живота до сада била у функцији продукције профита, сада се да би човечанство опстало, ствар мора потпуно обрнути, и профит из крајње сврхе претворити у средство унапређења људског живота као највише вредности.

Основни смисао научно-технолошке револуције није у разарању већ у стварању и унапређивању људског живота и животне средине. У функцији безобзирног стицања профита наука и технологија, су, међутим, више усмерене на разарање него на стварање, те су за толико и у служби контрареволуције а не само револуције. Иако је све што је револуционарно само по себи нешто ново, са становишта друштвеног прогреса, није све ново неизоставно и револуционарно.

Да би човечанство опстало и напредовало, мора еру фисије у науци и технологији, која са разарањем природе доноси и разарање друштва, сменити ера фузије, коју ће обележити стварање спајањем раздвојеног и у природи и у друштву. Научна истраживања се ради тога, морају усмерити на тражење решења да се уместо исцрпљивања исцрпљујућих природних ресурса проналазе нови, неисцрпни извори људске егзистенције, као и да се уместо исцрпљујућих класних и међунационалних сукоба развијају односи међусобне сарадње свих припадника људског рода.

У служби стицања профита, наука и технологија су по функцији усмерене на разарање с обзиром да је профит главни узрочник друштвених раздора и међусобног уништавања људи и природе. Окретањем унапређивању људског живота као основној сврси, оне ће се од разарања у потпуности окренути стварању, и живота и профита у функцији живота.

Помирење живота и профита могуће је само под условом да се профит не остварује на рачун живота, што подразумева да се девиза „што већи профит макар и по цену живота" замени девизом „што бољи живот уз што већи профит". А то, поред очувања и унапређивања животне средине, захтева примену искључиво здравих технологија и елиминисање из производног процеса и производа свега што угрожава људско здравље.

Таква предострожност не може се обезбедити монополским одлучивањем крупних профитера, који су у могућности да бар привремено заштите своју егзистенцију, не хајући много за животе других. Да би се угрожене масе умириле, лансирају се лажне информације о безопасности опасних ситуација, померају границе дозвољене загађености хране, воде и ваздуха, и минимизирају последице исцрпљивања природних ресурса и ратних разарања.

Зато је демократизација императив савремене технологизације, којом се зависно од тога ко о њој одлучује, човечанство може усрећити или уништити. Угрожена прљавим технологијама и природним несташицама, већина нема другог избора мимо опредељења за развојне пројекте у интересу целог човечанства, које о својој будућности мора одлучивати у пуном саставу да би се одржало.

Будућност човечанства је у ослобађању од природног и друштвеног ропства, које претпоставља слободу научног и технолошког стварања у општедруштвеном интересу. Под монополистичком владавином капитала, закон капиталистичке репродукције одређује границе стваралачке слободе тако што се инвестирањем само у оне истраживачке подухвате који доприносе увећавању профита, наручују и теме и резултати истраживања, док су истраживачи само најамни извршиоци туђих наруџбина.

Са демонополизацијом власти и власништва, инвеститором истраживачких подухвата постаје цело друштво и сами истраживачи, а истраживачке теме без прејудицирања резултата, наметаће сам живот и потребе његовог свестраног унапређивања. Праве слободе човека и човечанства нема без слободе стварања, али ни слободе стварања без слободног располагања материјалним средствима и друштвеним условима стварања.

5. НЕОПХОДНОСТ ОРГАНИЗОВАНОГ ПРОГРЕСИВНОГ ДЕЛОВАЊА

Све друштвене промене су резултат смишљеног и организованог деловања људи. А кретање друштва напред претпоставља смишљено и организовано деловање његових прогресивних снага, које у друштвеном напредовању виде и сопствено напредовање, али чије напредовање, само по себи, води напредовању друштва, те њихова борба за друштвене интересе не значи и жртвовање њихових сопствених интереса.

Напредовање друштвених група је, међутим, ограничено а друштва неограничено. Кад остваре своје прогресивне циљеве друштвене групе постају конзервативне и реакционарне, претварајући се у кочничаре друштвеног прогреса. Као заинтересовани инспиратори развоја производних снага, владајуће класе су играле прогресивну улогу све док производне снаге не би прерасле њихове могућности управљања друштвеном репродукцијом, када су се, постајући немоћне и сувишне, претварале у друштвене паразите.

Стога је узалудно очекивање да би власници крупног капитала својим одрицањем могли извући човечанство из планетарне кризе и спасити га од пропадања. И кад би хтели, они то не би могли јер се морају надметати у беспоштедној конкуренцији, или пропасти, због чега управљање репродукционим токовима и сами предају за то квалификованим носиоцима знања, једино способним кормиларима савременог друштва.

Носиоци знања не могу, међутим, рачунати на милост својих послодаваца да би их ослободили најамничког подаништва, већ се морају организовати у самоослободилачки покрет за друштвени прогрес, који ће суверену владавину капитала заменити сувереном владавином знања. А уколико активним носиоцем знања постаје цео народ, они се морају организовати као отворени општенародни покрет, који ће промовисати и спроводити све прогресивне иницијативе.

Општенародни покрет за прогрес је императив савремене стваралачке револуције. Ако су све велике револуције извођене мобилизацијом целог друштва, револуционарна трансформација произвођачког у стваралачко друштво поготову мора представљати револуционарно дело целог народа, који се аутоматизацијом производње и општом сциентизацијом друштвене репродукције из произвођачке масе целим бићем преобраћа у стваралачку снагу.

Зато су носиоци научно-технолошке револуције истовремено главна покретачка и водећа снага социјалноекономске и политичке револуције, поготову што савремена револуција мора у целости бити ствар научног стварања и усмеравања. Стваралачке снаге су по самој природи стваралачке револуције, њено покретачко језгро, а са све масовнијим преобраћањем непосредних произвођача у духовне креаторе производње, и свеколики носилац револуционарних токова.

С обзиром да су еволуција и перманентна револуција недељив историјски процес, политичке поделе на реформисте и револуционаре губе свој смисао, и то утолико више уколико се губе поделе на револуционарне и реакционарне класе. Савремена глобална револуција укида класне и међунационалне поделе, усмеравајући све друштвене снаге ка општем друштвеном прогресу, који доноси бољи живот за све.

Утолико свој смисао губе и политичке поделе на различите странке, које се уместо демонополизације, боре за монополизацију власти, и уместо несебичне борбе за општедруштвене интересе изгарају у међусобним борбама за нечије себичне интересе. Отимајући се о власт, оне не само што не доприносе друштвеном прогресу, него у заштити монополистичке владавине крупног капитала делују као ретроградна политичка сила.

Пошто крупни капитал функционише као планетарна сила, општенародни покрет за прогрес се против његове владавине мора борити синхронизованим деловањем свих прогресивних снага света, које добро организоване реакционарне снаге свим силама разбијају. То је тим неопходније што је социјално ослобођење недостижно без националног ослобођења, које се може остварити само заједничком борбом поробљених народа.

Супротно политичким странкама које се у борби за монополизацију власти и власништва организују и делују бирократски, општенародни покрет се у борби за општу демонополизацију мора организовати и деловати демократски. То је неизоставни услов да се прогресивне снаге у борби за општедруштвене интересе и општедруштвени напредак, вишестраначком сепаратизму, лицемерју и политичким подвалама ефикасно супротставе демократским јединством, искреношћу и политичком добронамерношћу јер кад о сопственој судбини сам одлучује, народ неће сам себе раздирати, обмањивати и варати.

Зато су за народ и његове прогресивне снаге неприхватљиве политичке идеологије које одређене себичне интересе лажно представљају као друштвене. Идејну оријентацију општенародног покрета за прогрес могу представљати само научна предвиђања, која изражавају објективне законномерности друштвеног развоја, чије је уважавање једина гаранција доследног остваривања општенародних интереса.

СТРАТЕГИЈА ТЕХНОЛОШКОГ РАЗВОЈА КАО КЉУЧ ЕКОНОМСКОГ ОПОРАВКА И ОБНОВЕ НАШЕГ ДРУШТВА

проф. др Слободан Покрајац

Машински факултет Универзитета у Београду, Београд

1. ПРЕТХОДНЕ НАПОМЕНЕ

Данас се све чешће с разлогом чују тврдње да нашој земљи („државној заједници" - чак не држави - мада су од некадашње федералне државе настале четири суверене и међународно признате државе и овај наш „оригинални" државно-правни „изум") недостају јасне визије, стратегије и остали планови и пројекције развоја, без чега не може стабилно и дугорочно функционисати нити један организовани друштвени систем. То посебно није могуће у време динамичних промена у све турбулентнијем окружењу које је под све снажнијим утицајем све већег броја различитих чинилаца. Овом приликом желимо указати само на техничко-технолошке чиниоце као генераторе најкрупнијих промена не само у производњи и економској сфери друштвеног живота, већ и у свим осталим подручјима живота укључујући и културу и политику и управљање и све што човек ради или жели да ради.

Наравно, „родно место" технолошких промена јесте ЗНАЊЕ, како научно, тако и многа друга која омогућују да се научна знања преобразе у нове технологије, нове производе, нове услуге, дакле, у све оно што може променити постојеће стање и унапредити квалитет живота људи. Стога је потпуно логично водити рачуна како унапредити „знање о знању", односно, како развити способности дефинисања ваљаних циљева, потребних средстава, одговарајућих метода и изнад свега активних учесника који желе да иду напред, да се развијају и подижу квалитет свог живота. Другим речима, кључно је дефинисати ШТА, тј. које развојне циљеве треба остваривати у неком будућем времену, а затим сагледати како то, с киме, чиме, у којем обиму, на који начин, итд. остваривати. У ствари, потребно је најпре исправно сачинити што је могући бољи (рационално, егзактно и коректно) инвентар свега са чиме друштво као целина располаже. При томе је потребно познавати какве су не само садашње, него пре свега какве ће бити будуће вредности стварних физичких, природних, просторних и других релативно мерљивих ресурса, а затим - што је, разуме се, далеко теже - спознати могуће домете људских ресурса, посебно имајући у виду њихову динамику како са становишта демографских обележја, тако посебно са становишта њихових развојних промена које настају процесима образовања, стицања искуства, развоја креативности, мотивације, итд.

Колико се данас у најразвијенијим деловима света поклања пажња знању, науци и технологији као чиниоцима свеукупних промена и развоја може се видети и из најповршнијег увида у савремену литературу, интернет сајтове и уопште у свакодневни, не само стручни већ и колоквијални, речник у којем доминирају појмови који не тако давно или нису постојали или их је разумео само мали број експерата. Не треба сумњати да ће и добар део садашњег и вокабулара и, што је важније, начина размишљања, бити замењен опет неким другачијим, који се тек припрема. Зато је стратешки важно на време препознати то надолазеће које није тек логична екстраполација садашњег, већ доноси много непознатог и непредвидљивог. У ствари, потребно је имати способност визионарског гледања у будућност, али тако да се целовито сагледају и вреднују све постојеће могућности, шансе, ресурси, потенцијали или како год звали оно са чиме не само располажемо, већ пре свега са чиме можемо располагати. Материјални, енергетски, финансијски, информациони и остали тзв. мерљиви ресурси не смеју бити ограничење будућег раста и развоја, јер они могу бити супституисани својеврсним метафактором - знањем.

У свету постоји више примера који емпиријски потврђују овакву тврдњу (Јапан, Финска, Ј. Кореја, Ирска и др.). Зато је потребно конципирати нову стратегију развоја која ће се у највећој мери заснивати на знању, учењу, високим технологијама и модерном управљању као развојним величинама које ће имати доминантан удео у динамици промена које ће, осим у економији, настати у целини друштвене структуре, од породице до државе.

Убрзани процеси глобализације производње, технологије, трговине, финансија, али и свакодневног живота (медији, интернет, забава, спорт итд.), што незаустављиво редефинише политичку и међународно-правну позицију свих земаља света, а посебно малих, неразвијених и сиромашних, намећу овим последњим и додатне захтеве да редефинишу своје развојне циљеве, изврше реевалуацију свих својих потенцијала и на нови начин сагледају своје могућности у условима хиперконкуренције и невероватно брзих („турбо") промена које долазе из саме суштине људске врсте (идеја, интелигенције, учења, креативности, итд.) што постаје предмет нарочитог управљања - стратешког - у чему многе земље немају довољно искуства. Штавише, многе још увек не препознају кардинални значај стратешке оријентације на знање, истраживање, учење, иновирање и остале доминантно интелектуалне процесе који означавају нову етапу цивилизацијског развоја који се више не сме и не може игнорисати. Таквог развојног заокрета у принципу нико се не би требао плашити, јер он пружа прилику сваком да развија своје интелектуалне способности што не мора увек бити условљено обиљем материјалних ресурса. У нашој земљи, која има релативно издашне потенцијале за развојну стратегију која се доминантно ослања на знање, не би требало бити никаквих отпора и резерви, већ, напротив, сви бисмо је морали доживети као редак историјски изазов у којем ћемо и себи и другима доказати шта знамо, какво је то знање, колико га имамо, да ли одговара савременим и будућим потребама, итд. Истовремено, општа стратегија сваког и појединца и предузећа и државе мора бити заснована на сталном подизању нивоа знања и његовог ширења и примене.

Оријентација на овакве квалитетне факторе развоја допринеће радикалним заокретом у јачању међународне конкурентности наше привреде (тренутно не постоји ниједан наш производ који има светску „марку", чак и наше чувене малине немају свој „бренд") засновану на квалитету, дизајну, специфичној функционалности, а не на ниској цени због трагично девалвиране цене рада и добровољне експлоатације домаће радне снаге. Осим тога, оријентација на знање ће најзад демантовати да тог „ресурса" имамо тако много (како се често од стране неупућених или неодговорних може чути, што, нажалост, није тачно јер имамо тек око 6% запослених са високом стручном спремом, док најразвијенији имају између 15 и 18%), односно, показаће да је знање наших стручњака увелико и обсолентно и нефункционално и недовољно (нарочито у погледу неких вештина као што су знање страних језика, компјутерске вештине, вештине комуницирања, итд.), због чега је потребно учинити радикалније захвате на подизању квалитета образовног система на свим нивоима.

Стање у истраживачкој сфери, од фундаменталних, преко примењених и развојних истраживања у готово свим наукама, а посебно природним и техничким које би морале бити директно у функцији јачања наше привреде, далеко је од задовољавајућег. Кадровска девастација која се непрекидно одвија (одлив стручњака у иностранство, закаснело запошљавање уз пратеће застаревање знања и сл. нимало се не смањује и вероватно ће се и убрзати) уз свакодневно материјално и технолошко заостајање наших истраживачких капацитета све више нас удаљава од главних светских технолошких магистрала и оставља на периферији с које је већ сада све теже разумети шта се стварно дешава у великом свету високих технологија и софистицираних процеса капитализације интелектуалног капитала којег имамо релативно све мање. Уколико се може доказати да се тај капитал ипак увећава, не само апсолутно, него и релативно, онда то отвара додатно питање зашто се тај капитал не користи боље и зашто његов допринос расту и развоју привреде и преображају друштва није већи.

Другим речима, да ли је недостатак јасне визије и осмишљене стратегије и уопште непостојање јасних циљева, носилаца средстава и рокова допринео да се расположиви потенцијали користе субоптимално. У сваком случају, потребно је „знање о знању" (менаџмент знања), односно нови приступ управљању знањем како на страни његовог стварања, тако исто и на страни његовог трансфера, ширења и ефикасног коришћења.

Актуелни процеси транзиције фокусирани на приватизацију, либерализацију и дерегулацију недопустиво су занемарили развојне проблеме наше економије и друштва. Пренебрегавајући лоша искуства неких других транзицијских земаља које су под покровитељством Међународног монетарног фонда и осталих центара финансијске моћи спроводиле свој пут у капитализам тако што су готово угушиле своју производњу, огромно повећале незапосленост, увећале међународну задуженост, смањиле животни стандард, готово уништиле своју научну и истраживачку базу итд., наша земља је такође, упала у замку „тржишног фундаментализма" (J. Stglitz). Актуелни концепт (не)развоја потпуно игнорише чињеницу да сва модерна друштва морају поседовати јасне визије свог положаја у све дужим временским хоризонтима и сагледавати своје место у новим ситуацијама за које се треба суптилно припремати. Значи, промена као настајање другачијег, чак ако то због нечега и не желимо, постаје не само извесна (егзогени узроци, међу којима су посебно значајне високотехнолошке промене), него и потребна и пожељна чиме постаје ендогено узрокована, а самим тим и најлакше управљива. Због тога је за развојни успех сваког друштвеног, а посебно производно-пословног система суштински важно да се сагледају сви најважнији извори и могући правци промена и што је могуће више разуме њихов стварни садржај и могуће последице које ће оне донети.

Стратешко размишљање је битна претпоставка сваког оперативног деловања, а то значи да је потребно мислити дугорочно, а деловати тренутно. Стога је неопходно утврдити квалитетну стратегију као остварљиво упутство за будуће активности којима се желе постићи одабрани циљеви у задатим роковима. У том смислу стратегија технолошког развоја мора и може бити само једна, по мојем мишљењу кључна, компонента свеукупне стратегије развоја нашег друштва, уз напомену да ће њен значај стално расти због чега треба рачунати на непходност њеног сталног адаптирања брзо мењајућем окружењу, посебно међународном.

2. ОСНОВНИ ПРИСТУП

Уопште, стратегија као систем дугорочних циљева, средстава, начина и пре свега социјалних носилаца развоја постаје све значајнији елемент ефикасног функционисања сваког организационог субјекта (од предузећа до државе) у свакој области рада као вида рационалног деловања.

Будући да је последњих деценија доминантно обележје људског рада његово „опамећивање" (софистикација) кључни елемент сваке стратегије треба да постане знање. С друге стране, због ширења тржишног начина привређивања у којем се сви инпути и оутпути испољавају као робне вредности и то на глобалном плану (глобализација) знање као општи фактор се мора опредмећивати у различитим производима и услугама што никако не значи да само тзв. технолошка знања имају практичан значај; она се само најбрже комерцијализују, али тиме и излажу најбржој могућој експозицији према конкурентима који већ убрзо могу та иста знања усвојити и надградити неким својим и анулирати предност онога који се први појавио са новим производима или услугама. У том смислу школски је пример некад (60-тих година прошлог века) јапанског успешног имитирања (неретко и плагирања) западних производа и технологија, а касније су тим путем кренуле и друге азијске земље (Кина, Кореја, Тајван и др.). У нашем окружењу то најуспешније раде Турци, али и Бугари показују све већу способност у пиратерији.

Због тога што тек на релативно дужи рок теоријска и фундаментална истраживања могу донети конкретне ефекте, као и због тога што су таква истраживања веома скупа и што захтевају високооспособљене истраживаче, све мањи број земаља има могућности да самостално организују таква истраживања и то у стриктно одабраним подручјима. Али зато сваки тако добијени резултат представља најјачи и најпоузданији ослонац за даља, развојна и примењена, истраживања која се могу обављати са ширим кругом заинтересованих, укључујући и иностране партнере. Највеће компаније у свету су посебно заинтересоване да део таквих истраживања обављају у иностранству (оутсоурцинг), превасходно због осетно нижих трошкова (цене рада). Најбољи пример у том погледу су компаније из области високих технологија, посебно из индустрије софтвера, које све већи део својих основних активности обављају у земљама у развоју где је посебно јефтина високообучена радна снага која брзо расте због сталне образовне експанзије у тим земљама. Тако нпр. у индијском граду Бангалореу ради око 140.000 инжењера Индијаца на пословима чији власници живе далеко од Индије. Овај пример наводим због питања које желим да поставим: можемо ли ми учинити нешто слично и на тај начин с једне стране зауставити одлив наших инжењера у иностранство, где најчешће раде изван своје струке, а с друге стране тиме појачати мотивацију младих за студије природних и техничких наука и тиме омогућити репродукцију тих критички важних кадрова за технолошку обнову и технолошки развој нашег друштва.

Разуме се да одговор и може и мора бити само и једино позитиван. Штавише, читав овај текст представља отворени пледоаје за агресивније и делотворније не само активирање потенцијала знања и технологије којим ово друштво располаже, него и за далеко наглашеније и препознатљивије фаворизовање читавог подсистема или комплекса техничко-технолошких претпоставки укупног друштвеног развоја, при чему треба поћи од система образовања за нову технолошку реалност која се тако брзо мења и коју све мањи број овдашњих људи разуме и може да прати, а камоли да активно утиче на њено стварање и обликовање. Стога треба рећи да никакви стварни, а то пре свега значи материјални и економски, успон и узлет нашег друштва није могућ без истинског успона његове науке, образовања и технологије, маколико ово може звучати као једнострани технолошки детерминизам. То је детерминизам само утолико што је заговара курс промена које су нам, као и осталим мање развијеним земљама, наметнуте и то се не може променити измишљањем лажних алтернатива у виду разних транзиција, псеудохуманизација, псеудодемократизација или неких других процеса који могу бити тобожња алтернатива радикалној трансформацији света рада и управљања у чему већ недопустиво и неоправдано много каснимо. Ко може и замислити какве ће последице даљег кашњења изгледати за 10-20 година?

Због схватања стратешких ефеката који се постижу у оквиру фундаменталних истраживања напредне и развијене државе систематски помажу таква, али и свака друга, истраживања и на разне начине подстичу и приватне предузетнике како се не би заостајало у одабраним подручјима у светским релацијама. Данас су то доминатно подручја биологије и генетике, али, такође, и подручја физике, нових материјала, енергије итд, што треба разумети као најаву бурних открића и технолошких и медицинских решења која ће радикализовати будућу праксу, али и начине комерцијализације тих решења, итд. Нажалост, постоје реални страхови да ће доћи и до разних злоупотреба нових знања и технологија које ће будући живот учинити још ризичнијим и мање слободним, чак и у условима повећаног материјалног благостања. Сиромашније земље (не само по средствима, већ пре свега по схватању стратешког значаја улагања у науку) у многоме и остају економски сиромашне јер недовољно улажући у науку и технологију погрешно желе да уштеде на плодоносном семену уместо да га обилно користе за будуће богате жетве.

Транзиција из индустријских друштава, преко тзв. постиндустријског, информатичког, затим тзв. друштва знања, итд. ка различитим модалитетима тзв. „пост", односно будућих друштава, омиљена је тема не само социолога и филозофа већ и свих осталих истраживача који пропитују ближу или даљу будућност с циљем да се открију и упознају управљачки параметри помоћу којих се могу контролисати кључни процеси као што су економски, социјални, политички, културни, безбедносни, еколошки, међународно-политички, итд. Готово сви се слажу да ће у свему томе технологија имати све веће значење, а можда и преовлађујући утицај. Већ само то сазнање довољан је разлог да свако најозбиљније и најодговорније приступи сагледавању могућих праваца развоја технике и технологије као опредмећених сила знања која не смеју постати и отуђене силе у функцији доминације како над појединцем, тако и над читавим друштвеним групама, укључујући нације и државе.

3. ИНДИКАТОРИ ФАКОРА РАЗВОЈА

Као први корак (који мора да учини држава, њен стручни орган) потребно је утврдити битне индикаторе помоћу којих ће се пратити стање и промене стања и посебно вршити међународна поређења са најбољима (benchmarking) у погледу расположивих ресурса.

Посебно је важно пратити промене у области најважнијег фактора развоја - знања. Праћење промена у оквиру тако агрегираног облика националног богатства као што је знање (national knowledge assets), које свуда у свету добија растући значај, важно је и због међународних компарација.

Иначе, савремене анализе данас посматрају знање као „national knowledge assets" и оно садржи два основна сегмента: 1. људски капитал и 2. структурални капитал.

Што се тиче људског капитала он подразумева комбинацију бројних обележја од којих већи број или уопште није могуће мерити или је то могуће тек индиректно, а самим тим и недовољно егзактно. Ту мислимо на следећа обележја: знање, мудрост, креативност, интуиција, интелигенција, итд. Све су то својства човека-појединца који се непрекидно и на разне начине удружује са осталим многобројним појединцима остварујући различите синергијске ефекте.

Што се тиче структурног капитала, и он се, такође, може посматрати у оквиру два сегмента: 1. тржишни капитал и 2. организациони капитал. Овај први се односи на величину, структуру и квалитет односа на тржишту од којег се погрешно очекује да буде објективан и најбољи алокатор и дистрибутер свих ресурса, што посебно није могуће у глобалним оквирима где делују бројне варијабле које ометају слободно функционисање тржишта. Тржиште и његове установе као механизми управљања интелектуалним капиталом морају бити допуњени и механизмима стратешког планирања које се заснива на квалитетном процењивању (assestment) будућих домета новог знања које се непрекидно генерише, употребом увећава, шири и ствара тешко сагледиве ефекте, а и „ерупције" на местима где никада није било вулкана. А ти „вулкани" су иновативне и високотехнолошке фирме (start-up), најчешће мале или средње по броју запослених, физичким капацитетима и сл., али које су свој развој засновале на новом знању и новим технологијама као доказано најефикаснијем начину јачања своје конкурентности као услову опстанка, раста и развоја.

Када је реч о организационом капиталу онда се мисли на способност организационе структуре од предузећа до државе и свих њених елемената - осим људских који су већ обухваћени категоријом „људски капитал" - као што су: хардвер, софтвер, базе података, патенти и сл. Организациони капитал састоји се, такође, од две компоненте:

1. процесни капитал и 2. развојни капитал. У оквиру првог мисли се на све процесе и активности (учење, обука исл.) и одговарајућу инфраструктуру (базе података, софтвер, лабораторије, итд.) потребну за креирање, трансмисију и дисеминацију постојећег знања потребног у процесу повећања продуктивности рада оних који непосредно раде на стварању новог знања. У оквиру другог мисли се на стварање способности да се активирају сви капацитети за развој, тј. да се обезбеди „гориво" које ће моћи да непрестано убрзава све потребне процесе који ће довести до новог знања, нових технологија, нових производа, нове вредности и новог дохотка.

Потенцијале знања у условима тржишне привреде најбоље покреће „гориво" које се зове - новац. И површан увид у анатомију успеха и најдинамичнијих предузећа и тзв. националних економија одмах открива кључни узрок: огромна улагања у нова знања и нове технологије. Тиме се само емпиријски потврђују много раније концепиране теорије да је улагање у људски, а посебно у интелектуални капитал далеко најбоља инвестиција. Многе савремене државе свестрано се ангажују у тражењу начина како да директно увећају или индиректно стимулишу сваког привредног актера да улаже у ново знање, посебно опредмећено (нове технологије), као средство за подизање ефикасности њиховог пословања.

Разуме се, то претпоставља да државе, као легални и легитимни заступници најширег јавног - друштвеног - интереса морају бити способне да препознају и разумеју могуће домете технолошких промена, без обзира где те промене настају. Дакле, оне (државници и управни апарат) морају саме ЗНАТИ и разумети шта је ново знање, а пре свега како се оно ствара и користи. Нажалост, највећи број неразвијених држава, а међу њима посебно тзв. транзицијских (међу које спада и наша тзв. државна заједница), које су обузете краткорочним циљевима преживљавања и учвршћивања свог легитимитета, није у стању да одговори таквим развојним изазовима и стога додатно заостају и слабе сопствену перспективу у технолошки захукталом међународном окружењу. Због тога би израда сопствене технолошке стратегије требала да представља један од првих корака које су дужне да учине, уколико желе стварне промене које ће их квалификовати као колико-толико успешне актере на светском тржишту, као сцени на којој се најбоље види и осећа сва драматургија технолошких и других њима изазваних промена.

Само мали број држава - и то у само одабраним подручјима - имају могућност да саме битно утичу на ритам тих промена, али све друге увек морају да их уважавају као све снажнију полугу свеукупних друштвених промена. То уважавање се огледа у јачању сопственог технолошког потенцијала и његовом активирању у реалном животу с једне стране и јачању способности свих актера друштвеног живота, од појединца и предузећа и свих њихових асоцијација, да буду што способнији за прихватање нових технолошких решења као и за њихово коришћење. У том смислу држава стоји пред више изазова и могућих избора. С једне стране она је позвана и одговорна да ствара општи амбијент у којем се ново знање и нове технологије третирају као добродошли узроци свих друштвених промена у којима жели да учествује што више њених грађана, ако не увек на страни креатора и иноватора, онда барем као корисници не само у што масовнијем, него пре свега у што обученијем виду. Само на тај начин потенцијал нових технологија биће максимално искоришћен.

Такође, држава мора подстицати сваког, а пре свега иновативна предузећа, да развијају нове технологије које јачају њихову конкурентност и способност наступа на светском тржишту. У том смислу потребно је извршити селекцију производа (не грана или предузећа) који могу имати шансу и онда им дати сваку врсту подршке. То не морају увек бити производи тзв. високе технологије (који захтевају велике инвестиције) и где је тешко (али није немогуће, што показује многи примери земаља Скандинавије и Југоисточне Азије), извршити продор. Али одабране производе (нпр. прехрамбене) треба производити по највишим стандардима и уз примену најсавременијих технологија с нескромним циљем да се постигне светски врх, а можда постане и лидер и онај који поставља светске стандарде у одабраној области. Без оваквих офанзивних приступа остаје се на стратегији преживљавања и дефанзивног узмицања, а то је пут постепеног али сигурног ишчезавања са светске економске, а затим и политичке и културне мапе.

У контексту актуелне техноглобализације (глобализације и технологизације), као развојног мегатренда за који верујемо да ће битно обликовати не само ближу будућност човечанства организованог у великом броју различитих социјалних група (етничких, националних, политичких, културних, професионалних, итд.) потребно је превредновати неке стратешке претпоставке за бржи свеукупни развој наше земље - као мале, сиромашне, међународно још веома изоловане, политички и социјално нестабилне и на друге начине развојно хендикепиране земље која још увек не зна тачно ни колика је, како се зове и где се геополитички и геостратешки налази - уважавајући сва тренутна, али и могућа нова ограничења.

Класични факторски приступ стратегијском развоју мора бити допуњен прецизнијом евалуацијом и операционализацијом ЗНАЊА као метафактора развоја, а не као резидуалног фактора како се то некад у економској теорији развоја чинило. Наравно, и класични фактори раста као што су рад, земља и капитал и даље остају „у игри", али се морају стратешки редефинисати и дати им другачије развојне пондере. Ту првенствено мислимо на РАД, тј. радно способно становништво (људске ресурсе) и ЗЕМЉУ (locus standi) не само као физички јединствен ресурс, већ и као геостратешки и геополитички чинилац од растућег значаја. Проблем недостатка КАПИТАЛА тиме се не маргинализује, већ се само релативизује дајући нагласак на оно што имамо (или барем мислимо да имамо), а не тражећи алиби неуспеха у ономе што немамо. Знање, идеје, креативност, иновативност, учење и сл. морају најзад постати стварни (а не само декларативни) ослонац стратегије бржег раста и развоја. У нашем случају то подразумева знање како: 1) обезбедити веће финансијске ресурсе, посебно иностране (заједничка улагања, кредити итд.) и 2) како активирати (инвестирати) постојеће сопствене финансијске изворе (нпр. 4 милијарде еура депонованих код наших грађана, капитал у дијаспори, итд.).

Полазећи од неких светских процена да за 10 година 50% знања треба заменити новим, а за 20 година чак свих 100% и да се знање удвостручује сваких 10 година, потребно је хитно извршити „инвентар" интелектуалног капитала у нашој земљи и доћи до колико-толико поузданог увида са чиме стварно, а не номинално, располажемо. Тиме ће се или потврдити да је тај капитал заиста импозантан, или ћемо спознати да је он сасвим скроман и застарео и самим тим недовољан за амбициозније стратешке циљеве. И у једном и у другом случају то ће бити довољан разлог да своју развојну стратегију чвршће градимо на знању: ако га имамо, онда зато да га корисно употребимо, а ако га немамо, онда зато да га прибављамо.

Пред коликим се реформским изазовом налази образовни систем не треба посебно ни наглашавати. Реформи универзитета у том контексту припада посебан значај, али стварна реформа подразумева огромна улагања, а не само формалне и површинске захвате. Поготово није добро ако се то ради само ради прилагођавања неким променама у европском образовном простору (тзв. болоњски процес), већ пре свега реформа мора бити у функцији реформе укупног друштвеног система како би овај допринео јачању производних снага друштва, напреднијих и праведнијих друштвених односа и сталног повећања благостања свих грађана.

Али, и без поменутог инвентара и налаза до којих ће се њиме доћи можемо рећи да знања није никад доста и да у сваком друштву оријентисаном ка расту и развоју постоји иманентна потреба за новим знањима. Посебно оним која се тичу начина употребе већ постојећих знања (тзв. потенцијала), прибављања (трансфер) туђих и стварања (истраживање, образовање) нових, која ће обликовати будућност. Техника и технологија само су део опредмећених знања и стога су веома потребне, али ипак не и довољне претпоставке успешне и просперитетне стратегије друштвеног развоја.

На овом месту отвара се и „питање свих питања": одржив развој (sustainable development) и то пре свега као еколошки одржив развој, без чега читава претходна „прича" губи сваки смисао. Нажалост, човек се већ толико „развио" да може ефикасно уништити не само све што је он до сада створио, него и све оно што је у Природи затекао. Срећом, наша земља још увек има добре шансе управо за еколошки одржив развој. Уколико креатори будуће стратегије друштвеног и економског развоја уваже макар део ставова које смо изнели у претходном тексту, а то значи да тај развој заснивају на новим знањима и новим технологијама, уверени смо да је одрживост овог дела

Планете за који смо ми као њени становници одговорни и највише заинтересовани, потпуно обезбеђен.

ЕКОНОМСКЕ И ОРГАНИЗАЦИОНО-ПЕДАГОШКЕ РАЦИОНАЛИЗАЦИЈЕ ОБРАЗОВАЊА У СРБИЈИ И ЦРНОЈ ГОРИ

проф. др Драго Т. Пантић
Београд

Светски процеси и промене, економска и политичка криза у разним деловима света и на тлу бивше Југославије, као и динамичан развој науке и технологије, захтевају висок степен рационализације људских и природних ресурса, а пре свега - знања и способних стручњака. Полазећи од стратешког значаја система образовања за развој и стабилност државе, за вишеструко задовољавање људских потреба, стање у образовању је на веома ниском степену ефикасности и рентабилности, јер су промене у друштву под фирмом „транзиције" највеће потресе донеле на подручју образовања.

Америчке економске санкције дошле су у тренутку када се систем образовања налазио у кризи и на разним раскршћима, а политички плурализам је довео до злоупотребе образовања у политичке сврхе, што су у претходној Југославији чинили албански и други сепаратисти. Образовање је доживело велику деградацију, још више заостајући за друштвеним потребама и савременим токовима у науци и технологији. Као такво, представља чиниоца дестабилизације друштва на економском и политичком пољу, а требало би да буде позитивни и темељни чинилац прогресивног развоја земље. У циљу оптимализације коришћења знања, образовања и педагошких институција у функцији друштвеног прогреса, реформе образовања, економске и организационо-педагошке рационализације, неопходно је у даљем процесу обнове и развоја наше земље предузети, односно применити идеје и предлоге који ће бити изложени у тексту који следи.

1. Укинути понављање година и разреда на универзитету и у школама

Застарела пракса, методика и законодавство о пролажењу и пропадању зависно од оцене наставника, наноси бројне и тешке последице појединцу, породици и друштву. Економски губици друштва као последица губљења година у школи и универзитету никад нису озбиљније истраживани, али се зна да 80% студената не заврши студије о року. Велики је удео средњошколаца и студената који прекидају или напуштају студије, дакле, остају без дипломе и квалификације. Лажна брига за квалитет знања или чување ауторитета наставника отвара простор за неодговорност у раду знатног броја наставника, на штету ученика и друштва.

2. Скраћивање трајања свих с тепена образовања

Развој науке, технике, информатике и других сфера човекове делатности повећава масу знања, али још више повећава број извора и доступност знања, тако да образовање све више превазилази „четири зида учионице" и стиче се учењем „на даљину" и самообразовањем. Будуће друштво учења све више ће слабити доминацију школе и универзитета, посебно већим присуством мултимедијског образовања и виртуелне педагогије. Школа и универзитет морају напустити неке класичне (стандардне) функције или „делити" их са другим изворима знања. Потребна је сериозна селекција образовних садржаја, уз стално отписивање једних и уношење нових знања, посебно форсирањем учења и концепције сталног образовања.

У тим околностима трајање образовања у нас и у свету, без обзира на разне варијације, заслужује да се скраћује и тако млађи брже сазревање да потврде и ранијим запошљавањем. Када се из наставних планова и програма избаци оно што је сувишно и када се подигне на виши степен квалитет педагошког рада, школовање и студирање моћи ће се завршавати за годину дана раније. У том правцу потребно је знатно повећати број радних дана у току године у школама и на факултетима, а распусте у јануару и јулу свести на разумну меру (можда је зимски распуст у целини сувишан). Нема великог оправдања да студије на неким факултетима трају 5 или 6 година, јер то је унапред прихватање (незванично) неквалитетне универзитетске наставе и лоших програма. Економски ефекти скраћивања трајања образовања могу се приближно тачно израчунати и сигурно је да су веома велики.

3. Смањити број предмета у свим наставним плановима

Наставни планови и програми често настају у кабинетским круговима, чак утицајем ауторитативних појединаца, без довољне усаглашености са потребама оних који их изучавају. Зато би се могло стручном анализом или истраживањем релативно лако доћи до сазнања да су поједини наставни предмети сувишни или се могу делови њиховог садржаја укључити у неке сродне предмете. Ова мера је вишеструко корисна и за ученике и студенте, а и за друштво у економском смислу. Треба све више уважавати принцип да се у току школовања не може научити све што је васпитанику потребно за живот и рад. У току школовања и студирања нека знања већ застаре, па је сувишно их учити. То тражи од наставника да буде стални истраживач и иноватор.

4. Полазак у школу са 6 година

Школа годину дана раније преузима део бриге родитеља о деци, раније млади ступају у радни однос. Већина земаља је увела полазак у школу са 6 година.

5. Систем обавезног усавршавања

Примарни услов квалитетног и успешног педагошког рада - стално професионално усавршавање - се ни издалека не остварује, што доприноси да школа и универзитет заостају за савременим токовима и потребама. Стручно и педагошко усавршавање педагошких радника мора се регулисати системом и прогласити радном обавезом, која се мора контролисати. Много је декларативног, чак и нормативног у овој области, али је веома мало усавршавања педагошких кадрова у пракси. Финансијска средства су недовољна за ову делатност, па их

треба повећати. Нужно је увести проверавање стручности педагош-
ких радника сваке три године.

6. Укинути стручни испит

Ова стара бирократска мора у школству изгубила је сваки сми-
сао у концепцији перманентног усавршавања. Губи се драгоцено вре-
ме, троше узалудно финансијска средства, а највећу корист имају
чланови испитних комисија и писци приручника (добијају хоно-
раре). Вишеструко је корисније да се та средства уплате за куповину
књига и часописа педагошким радницима или библиотекама.

7. Укинути масовне стручне скупове

Масовни скупови, као што су „јануарски сусрети просветних
радника“, сабори, саветовања и слични скупови, нису економски ра-
ционални, нити стручно ефикасни. Полазак 380 наставника у Београд
или неки други град из разних места је велики издатак за школе, од-
носно Министарство. Утроши се огромно време да би се чула осред-
ња предавања, која су често слабија од једне свеске неког стручног ча-
сописа. Већина учесника масовних скупова није задовољна предава-
њима изабраних аутора. Образовање се развија у правцу самообразо-
вања, па и усавршавања. Уместо плаћања дневница, путних трошко-
ва и смештаја у хотелима треба купити књиге, компјутере и педагош-
ку периодику педагошким радницима. Прихватљиви су стручни ску-
пови на регионалном, још боље на општинском нивоу. Запостављени
су стручни скупови са стручним темама у самим школама и факул-
тетима. Компјутеризација образовања и учења на даљину нови су ра-
злог да се масовни скупови педагошких радника укину или постану
изузетак.

8. Укинути посећивање часова

Класична административна контрола наставе у виду посећива-
ња часова је давно изгубила своју сврху, али се ова „добра стара пра-
кса“ задржала и поред измењених околности данас у односу на време

када је уведена. Посећивање наставних часова од надзорника, инспектора, саветника, директора и стручних сарадника је контрапродуктивно и представља најчешће ометање нормалног рада наставника. Многи посетиоци часова не познају методику инструктивно-контролног рада, а неки својим непромишљеним поступцима руше углед наставника пред ученицима (дају гласне примедбе, преузимају вођење часа и сл.). Ова мера не може унапређивати наставу, а може само помоћи да се учврсти ауторитет страха од претпостављеног. Коначно, осим педагога, који је студирао дидактику и методику, ниједан други стручњак (осим у својој струци) није стручан за посећивање часова и њихову анализу. Психолози немају шта да траже на часовима, осим да примене неку анкету или тест. Наставник математике, ако је директор, може само контролисати математику и то ако се сам стручно усавршава. Дакле, посетиоци часова губе време на часовима и ометају рад. Боље је радити на усавршавању наставника, него седети на часовима.

9. Смањити број надзорника

Непотребним гашењем педагошких завода изгубила се саветодавна функција на рачун контролне, па су саветници промовисани у надзорнике. Делокруг надзорника треба ревидирати и њихов број радикално смањити, јер комуникације са установама могу се савременим путем ефикасније обављати. Велики су приговори на нестручан рад не малог броја надзорника, па и злоупотребу положаја. Школу страха и уплашених наставника треба заменити школом слободног стваралаштва и поверења у међуљудским односима.

10. Компјутеризација образовања

Светска утакмица у компјутеризацији свих делатности посебно је значајна за образовање. Не сме се чекати „неко боље време", већ користити оптимално постојеће услове за ову глобалну педагошку иновацију. Административно-финансијске и друге службе могу се ефикасније и са мање кадра организовати. Зато је потребно што пре обучити све педагошке раднике да знају руковати компјутером и радити на методичким питањима његовог коришћења у васпитно-образовном раду.

11. Планирање кадровских потреба

Образовање у средњим школама, гимназијама, вишим школама и универзитетима мора се научно усмеравати према потенцијалним и актуелним кадровским потребама. Расипништво великих размера је, нпр. образовати нове хиљаде лекара или пословодних кадрова ако их на тржишту рада има са дугогодишњим статусом незапослених и социјалних случајева. Школовати се за једно занимање, а радити друге послове представља нерационално трошење времена и средстава. Иако су преквалификација и доквалификација нужни пратиоци процеса запошљавања, ипак треба зауставити стихију уписа по жељама ученика и родитеља или по административно одређеној квоти уписа. Овако се школују кадрови за друге земље, а ми трошимо велика средства која се на овај начин „одливају" неповратно.

12. Рекреација - друштвено-корисни рад

Младима и одраслима треба стварати шире и повољније услове за здраво провођење слободног времена, за стицање и трошење енергије и спречавању атрофирања појединих функција организма. Борба против досаде, самоће, отуђења, депресије и сличних стања и појава може се успешно водити кроз разне облике радне и спортске рекреације. Борба против гојазности је озбиљан социо-здравствени проблем савременог човека, па је друштвено корисније да се она води, поред осталог, више кроз радно ангажовање, него кроз спортске активности. Омладини и одраслима треба понудити добро организоване мале викенд радне акције и у граду и у селу, нарочито акције еколошког карактера. Ове акције друштвено-корисног рада би одвлачиле омладину од ризичних места и објеката, где се сусрећу са дрогом, верским сектама, криминалом, алкохолизмом, проституцијом и другим пороцима. Могуће је да овакав смер провођења слободног времена битно допринесе физичком, менталном и моралном оздрављењу друштва. Претерано препуштање младих забави, музици (посебно страној), није у њеном интересу. Медији би могли дати значајан прилог формирању јавног мњења за овај план: рекреација кроз друштвено-корисни рад.

13. Доквалификација и преквалификација

Ово ће бити стална потреба у припремању кадрова за многе делатности, тим пре што ће будућност професије (рада) захтевати мењање врсте занимања, пословних операција. Школе и факултети треба да буду носиоци преквалификације и доквалификације, без икакве комерцијализације од стране универзитета и приватних установа.

14. Средње образовање обавезно

Продужава се организовани педагошки утицај на развој младих и корисније користи време у припреми за животни позив. Повећава се контрола над слободним временом младих после завршене основне школе и отвара се поузданија перспектива социјалне сигурности. Повећава се могућност сузбијања развијања преступничког подмлатка из редова оних који остају без квалификације. Економски разлози су веома значајни за продужење обавезности професионалног образовања. Уколико би се основна школа скратила за годину дана, а полазак у први разред увео од 6. године, средње образовање (са 3-4 године трајања) било би веома рентабилно. Раније стицање квалификације омогућава раније запошљавање младих и благовремено ступање у брак и заснивање породице.

15. Преиспитати концепцију гимназије

Отворено је питање концепције садашње гимназије, посебно тзв. специјализованих гимназија (за „даровите"). Некадашња намена гимназија више „не функционише", јер знатан број гимназијалаца остаје без индекса и тешко решава питање запослења. Гимназије не могу даље остати општа припрема за студије, већ треба за све факултете развијати одговарајуће профиле средњих школа: филолошка гимназија за филолошки факултет, економска школа за економски факултет, медицинска школа за медицински факултет, педагошка гимназија за педагошки факултет, итд. Робовање гимназијској традицији данас није рационално, ма колико ми били емотивно везани за ову школу.

16. Укинути допунску наставу

Овим се повећава фонд часова и ученицима и наставницима, а уместо тога треба ефикасније и модерније радити на редовним часовима наставе. Индивидуализацијом наставе престаје потреба за допунском наставом.

17. Спречити комерцијализацију тзв. припремне наставе

Припремна настава за матуру, поједине предмете, упис на студије и слично, било од појединца, било од установа је у целини комерцијализована и има трговачки карактер. Социјалне разлике у друштву тешко погађају сиромашне слојеве младих и њихових родитеља. Зато школе треба учинити обавезним да бесплатно организују ту врсту наставе, јер на овом подручју владају разне махинације и ученици су остали без заштите.

18. Увести нове предмете

Модеран и ефикасан систем образовања искључиво ће зависити од динамике систематског иновирања садржаја васпитно-образовних програма. Данас би требало у наставне програме појединих школа и факултета увести неке од ових предмета (области): учење учења, еколошка култура, породична педагогија, медијско образовање, морално васпитање, безбедносна култура, ментална хигијена, радна култура, итд. Услов за иновирање наставних програма је примена критеријума о превазиђености делова или целих предмета, односно њихово избацивање из програма и уџбеника.

19. Учење помоћу телевизије

Мултимедијско образовање, а пре свега примена телевизије у стицању знања и квалификација битно ће се повећати развојем науке и технологије, па би требало учинити крупне кораке на плану веће примене овог медија у образовној функцији. Неопходно је увести педагошки канал на телевизији, а свака телевизијска станица треба да има рубрику „образовање" у информативним емисијама, као и недељне једночасовне емисије о образовању. Примена ТВ у образовању вишеструко повећава ефикасност учења, ширења образовања и оспособљавања за професију.

20. Рационализација универзитета

Универзитет је највећа расипничка институција у држави, која само 20% оправдава економска улагања у ову институцију. Студије су на ниском методичко-педагошком нивоу, а штету од тога имају и држава и студенти. Понављање година и напуштање студија од многих веома способних студената је нехумано и прилог стварању социјалних случајева и политичких тензија у друштву. Упис студената 1999. године обавезује професоре и асистенте на стручнији и одговорнији рад, а не „вршење селекције" („сече" бруцоша) од стране „чувара" дигнитета факултета и науке. Масовност студија не мора да повећа број неуспешних студената, уколико наставници и асистенти педагошки ваљано (дакле, стручно и одговорно) врше своје наставничке дужности. Укинути обавезност посећивања предавања и оверавање семестара, јер то нема суштинску вредност за савлађивање програма. Побољшати менторски и консултативни рад професора и асистената. Настава на последипломским студијама је сувишна, осим предавања општег карактера из кључних тема.

ОСНОВНЕ КОНЦЕПЦИЈЕ СТРАТЕГИЈЕ ДРУШТВЕНО-ЕКОНОМСКОГ РАЗВОЈА

проф. др Вера Пилић-Ракић, проф. др Ђорђе Врцељ
Београд

Утврђивање и спровођење добро разрађене стратегије друштвено-економског развоја представља како неопходност тако и основ за укупан развој друштвених односа и целокупне привреде. Ефикасна дугорочна стратегија треба да служи као основна смерница како се понашати и шта радити на дужи рок и уједно подлогу израде и спровођења програма у краћим периодима. Не може се обезбедити ефикасан развој друштва и привреде ако се он заснива на тренутним ситуацијама или препуштању стихији. Наравно, и дугорочна стратегија може бити подложна променама, а у зависности од промена стања у коме се она спроводи.

Основни циљ стратегије је обезбеђење складног друштвено-економског развитка, оптималног развија привреде и друштвених односа, што потпуније запошљавање становништва и обезбеђење раста животног стандарда народа, али таквог да се осигура што брже смањење заостајања у односу на привредно развијене земље.

Приликом утврђивања стратегије друштвено-економског развоја мора се најпре поћи од услова у којима се налази земља. У првом реду треба имати у виду наше природне ресурсе, стање постојећих производних потенцијала, расположиву радну снагу (квантитативно и квалитативно), спољно окружење земље, друштвено-економска кретања у свету, посебно у Европи, итд.

Када је реч о природним условима, неспорно је да највеће повољности постоје за развој већег броја сектора из области пољопривреде и прехранбене индустрије. Располажемо и са значајним рудним богатствима у низу области, има услова за развој шумарства и туризма. Постоје и релативно велики индустријски капацитети који су данас сасвим недовољно коришћени, а који би највећим делом могли бити активирани. Наша земља располаже и са високо стручном радном снагом и са значајним научним потенцијалима. Све се то мора имати у виду при утврђивању стратегије друштвено-економског развоја.

При формулисању и спровођењу стратегије мора се поћи од политичког стања у земљи, од нашег међународног положаја, од непосредног окружења, итд. За сада у свим овим доменима стање по нас није повољно. Када се ради о непосредном окружењу, и поред свих тешкоћа и препрека које постављају отцепљене југословенске републике, а и друге земље, нужно је предузимање одговарајућих активности ради стварања повољнијег непосредног окружења, али увек полазећи од принципа реципроцитета.

Оно што је посебно важно за стратегију дугорочног развоја је утврђивање става према Европској унији. Полазећи од тога да скоро све европске земље улазе или ће ући у Унију, укључив и оне из непосредног окружења, евидентно је да у њу у будућности улази и наша земља. Али за то овде мора постојати чврсто опредељење да се то уради под што је могуће повољнијим условима, односно не по сваку цену. Да би се то остварило апсолутно је нужно да се не жури, већ да се претходно обезбеди релативно солидан ниво привредног раста - посебно у индустрији и пољопривреди, јер се при укључењу у ЕУ увек полази од стартне основе у свим привредним секторима земље. Тај старт за нас мора бити што повољнији, а онда је успешније и прилагођавање ЕУ у свим областима. Једно од основних опредељења је развијање кооперације и заједничких улагања са чланицама ЕУ, али и оријентација на привредну и другу сарадњу са другим земљама, тим пре што тако обезбеђујемо повољније услове за развој. И то се мора узимати у обзир приликом промена у структури наше привреде. Једно од основних опредељења било би увођење савремене, а не застареле, технологије.

Стратегија друштвено-економског развоја захтева и јасно утврђивање и спровођење политике у домену својинских односа, односно демократизацију тих односа. Основно опредељење је развој власништва на бази акционарства, али таквог које претпоставља расподелу не само на основу учешћа у акцијском капиталу него и по основи уложеног рада, чиме се може обезбедити веће демократско управљање предузећима и установама. Оријентација треба да буде што веће власништво наших грађана. Да би се то постигло, мора се прекинути распродаја свега и свачега, посебно странцима. Странцима треба омогућити изградњу нових фабрика и других објеката, а њихово учешће у акцијском капиталу за већину постојећих предузећа да буде испод једне половине. Истовремено низ сектора од стратешког значаја за земљу не би требало потпуно приватизовати, већ да буду у претежно јавном власништву или, ако се приватизују, да учешће приватника буде испод 50%. То се односи и на енергетске објекте, производњу и прераду нафте, један део рударства и индустрије који раде за потребе одбране, индустрију челика, низ сектора хемијске и фармацеутске индустрије, транспорт и банкарство.

Неопходно је обезбедити демократизацију својинских односа и много бржим развојем задругарства и сузбијањем свих врста монопола. Једно од основних опредељења је одговарајуће планско усмеравање друштвено-економског развоја и подстицање стваралачке мотивације. Веома је значајна оријентација на продуктивно запошљавање и социјалну заштиту радно неспособних лица и привремено незапослених. Исто тако, нужно је повећавање задовољавања заједничких потреба путем самодоприноса, а опорезивање треба да буде пре свега у функцији подстицања привредног развоја.

Стратегија друштвено-економског развоја захтева и утврђивање развоја укупне привреде, развитка по секторима и оријентационе стопе раста. Опредељење треба да буде пре свега развој индустрије, која би у наредних 10-15 година требало да расте по стопи од 10% у просеку годишње. На почетку би та стопа могла бити и већа да би се касније, са достизањем нивоа производње од краја 80-тих година прошлог века могла смањити. Морају се уложити велики напори да се то постигне, да би се за једну до две деценије приближили степену развијености средње развијених европских земаља.

Могућности за остварење релативно високих стопа развоја постоје, а најпре на основи реактивирања постојећих неискоришћених капацитета. Само на бази искоришћења већег дела инсталисаних капацитета могуће је постићи веома значајно повећање производње (један део капацитета не може бити реактивиран из објективних разлога). Овоме треба да допринесе и преструктуирање производње. Никако се не би смело полазити од тога да ми не можемо и не треба да развијамо већи број индустријских грана. И друге земље немају потребне сировине али те секторе развијају. Не смемо се одрећи ни свих високо софистицираних производњи. И други на почетку нису били конкурентни и нигде све гране нису апсолутно конкурентне на страном тржишту. И наша земља знатан део индустријских производа може усмеравати превасходно на задовољавање унутрашњих потреба и на извоз у мање развијене земље.

Са високо развијеним, али и са свим другим, земљама потребно је ићи на бржи развој кооперације и неопходних заједничких улагања. Нужно је ићи на развој свих оних производњи где постоје домаће сировине и да се тежи што већој финализацији производа, а не да се препусти превасходно извозу сировина и полупроизвода. Не треба одустати ни од производње из области електро-машинске и хемијске индустрије. Ако смо раније били у стању да производимо разне производе из области електронике, војне, фармацеутске индустрије, транспортних средстава и других, зашто бар делимично то не би смо могли и у будућности, наравно уз већу кооперацију са страним партнерима.

Једно од стратешких опредељења је брзи развој малих и средњих предузећа, чему може у великој мери допринети утврђивање и спровођење ефикасне политике у погледу обезбеђења пословног простора и увођења тзв. „сиве економије" у легалне токове. У свему томе подстицајне мере и одговарајуће промене у систему опорезивања могу одиграти значајну улогу.

Што се тиче пољопривреде, ту су наше могућности релативно велике, али је мудром политиком неопходно те могућности искористити и, на основу тога, повећати производњу агро-прехрамбеног сектора (посебно прехрамбене индустрије и других грана које се ослањају на пољопривредне сировине). Зацртана стопа раста пољопривредно-прехрамбеног сектора могла би бити између 5% и 10% за период од 10-15 година. Истовремено, не би се смели препустити концепту да Србија буде углавном аграрна земља.

Такође, треба истаћи да постоје велике могућности за развој туризма, посебно бањског. Ниједна земља у Европи нема ни приближно толико могућности за развој бањског туризма. Наше опредељење и овде мора бити јасно, свеобухватно и ефикасно.

Стратегија друштвено-економског развоја укључује и утврђивање неопходних средстава за њену реализацију. У садашњим условима домаћи финансијски извори нису сувише велики, али ће се они остваривањем бржег привредног раста стално повећавати, само се намеће потреба што рационалнијег коришћења расположивих средстава и привлачења средстава из оних сегмената где су она још недовољно коришћена. Мада средства са којима располаже становништво нису велика, треба рећи да оно и сада располаже средствима која се, за сада, незнатно троше за улагања у производне сврхе. Замена других валута за евро показала је да наши грађани располажу са скоро 5 милијарди евра. Значајна средства одлазе у иностранство, посебно за потребе оних који су отишли или одлазе из земље. Не мала средства се користе нерационално. Према томе, нужно је детаљно разрадити политику и мере за привлачење тих средстава у производне и друге сврхе. Треба учини заокрет у добијању локација за градњу објеката, у погледу обавештавања око куповине акција, итд.

Следећи значајан извор представља превођење средстава из зоне тзв. „сиве економије" у легалне токове, а пре свега путем одговарајућих промена у систему опорезивања. Веома важан извор средстава за привредни развој су и наши грађани настањени у иностранству, исељеници и њихови потомци (који располажу десетинама милијарди долара). Неопходно је у вези са овим разрадити ефикасан програм и политику привлачења тих средстава у нашу земљу.

Трећи велики извор средстава су странци, за које треба стварати повољне услове за улагања у нашој земљи, али не превасходно продајом наших предузећа и то често под, за нас, врло неповољним условима. Страни капитал треба усмеравати за изградњу нових објеката и развој кооперације. У садашњем концепту привредног развитка треба напустити идеју да нам углавном странци могу обезбедити здрав и убрзан прогрес.

Остварење ефикасне стратегије друштвено-економског развоја захтева мобилисање свих стваралачких снага, што претпоставља, поред осталог, предузимање неопходних мера за очување целовитости земље, за ангажовање вишемилионског српског народа у расејању и за остајање младих у земљи. Такође, нужно је предузимање веома опсежних активности којима би се обезбедио такав наталитет који би довео до пораста становништва, као и радикалан заокрет у свим делатностима које се односе на позитивне промене у погледу свеопштих схватања у свим виталним активностима, а у циљу обезбеђења укупног прогреса народа и земље.

КОНЦЕПТ И ДЕТЕРМИНАНТЕ ОДРЖИВОГ РАЗВОЈА ПОЉОПРИВРЕДЕ И АГРАРНОГ СЕКТОРА

проф. др Јеремија Симић

Пољопривредни факултет, Београд

1. УВОД

Конципирање оптималних и подстицајних решења економске политике применом метода одрживог развоја[*] има посебно велики значај за пољопривреду и њен прерађивачки сектор. Нарочито је значајно да се подстиче и усмерава одрживи развој пољопривреде и стварају услови за производњу органски квалитетних аграрних роба, посебно за повећање њиховог извоза.

Наше могућности за раст извоза аграрних роба могу бити доста реалне под условом да се на ширим основама примењује политика одрживог развоја пољопривреде и производње њених прерађевина.

---

[*] Овоме су претходили други значајни светски скупови који су ишли у сусрет детерминисању овог појма. Тако је Конференција у Стокхолму 1982. године промовисала концепт „Само једна земља" (Only One Earth). У Најробију је покренута иницијатива за примену концепта одрживог развоја (Sustainable Development).
Генерална скупштина ОУН донела је 1983. године Резолуцију о предузимању иницијатива за формирање светске комисије за животну средину и развој (World Commission Envronment and Development), која је 1987. године публиковала извештај „Наша заједничка будућност" (Our Common Future). Ова комисија је истакла потребу дефинисања концепта одрживог развоја. Овај предлог је изнет и на Министарској конференцији која је одржана у Норвешкој (Бергену), маја 1990. године у организацији Владе Норвешке у сарадњи са Економском комисијом УН за Европу. На овој конференцији у оквиру донете Декларације дефинисан је појам одрживи развој. Министри су у оквиру ове Декларације изричито препоручили интеграцију заштите и унапређивања животне средине са свим областима економске политике.
На Другој конференцији УН о животној средини и развоју одржаној (3-14. јуна 1992. године у Рио де Жанеиру, донета је Декларација о животној средини и развоју. Овим документом институционализован је концепт одрживог развоја.

Ово захтева да се конципирају нове системско-развојне и подстицајне мере које би се заснивале на међусобно усклађеној еколошкој и економској политици.

У складу са овим треба истаћи да су на европском и другим светским тржиштима повећани захтеви за здравствено безбедним (еколошки чистим) аграрним производима. Ово потенцирају настала сазнања о значају квалитета исхране у функцији одрживог здравља и обезбеђивања квалитета, стандарда и повећања репродукционе моћи становништва и радне снаге.

У вези са наведеним, поред насталих тржишних захтева, у све оштријој форми се испољава проблем како повећати понуду и потрошњу органски квалитетне хране. У најразвијенијим земљама у структури тражње за храном, испољава се дефицит за еколошки квалитетним аграрним робама. У овим земљама се на једној страни повећава производња и суфицит понуде стратешких производа (жита, шећера, меса, уља и др.), што смањује извозне могућности наше земље, док се на другој у структури производње и понуде аграрних производа испољава дефицит за здравствено безбедним робама.

Успостављање развојних процеса на одрживом концепту треба да омогући доследније и интензивније оживљавање привредног живота у целини, привреде, па и пољопривреде. Ово подразумева да се остваривање повећаних економских ефеката и раста добити у краћим роковима не заснива на рачун исцрпљивања и нерационалног коришћења привредних ресурса и енергије.

2. ЕКОНОМСКЕ И ЕКОЛОШКЕ ОСНОВЕ ЗАСНИВАЊА КОНЦЕПТА ОДРЖИВОГ РАЗВОЈА ПОЉОПРИВРЕДЕ

Теоријски посматрано одрживим развојем усклађује се однос између економије и екологије*. Неокласичне економске школе третирале су коришћење природних ресурса у склопу учења о алокацији

---

* Узајамност и повезаност економије и екологије као науке утврђује и заједнички корен њихових појмова (грчка реч *oikos* - домаћинство, газдинство, газдовање, а *nomos* - правило, закон, дом, кућа, окружење, а *logos* - мисало, наука). На основу ових речи, произлази појам економија газдовања и економија природе.

ретких ресурса не придајући посебну пажњу природи са становишта јавног добра. Све до акутних еколошких проблема 50-тих и 60-тих година, нарочито енергетске кризе 70-тих година XX века, економска теорија није се озбиљније суочавала са чињеницом да је неокласично становиште о деловању човека на природу, сувише поједностављено и да је неопходно извршити ревизију односно темељније употпунити економска сазнања о начинима и новим могућностима коришћења и валоризације природних ресурса.

Кључно је питање да се улога природних ресурса као извора и обезбеђивања живота мора третирати на знатно ширим и потпунијим друштвено-економским сазнањима. За успешну анализу природе, као извора живота, треба полазити од схватања да она претставља један природни систем који се не може вредновати или алоцирати непосредно на тржишту. Она се мора третирати и са становишта улоге у економији и становишта екологије, односно репродуковања и заштите природних ресурса. На тој основи треба ближе сагледати и неке моменте детерминисања економије природних ресурса у функцији економске филозофије одрживог развоја. Одрживи развој, као метод и политика, подразумева истовремено ефикасну и трајну заштиту животне средине и остваривање друштвено целисходног економског и социјалног развоја.

Применом метода одрживог развоја, стварају се трајне основе за рационално коришћење природних ресурса и енергије, као и за унапређивање животне средине у целини. Као такав, метод одрживог развоја се испољава као једна од најзначајнијих компоненти, како привредног, тако и укупног друштвено-економског и социјалног развоја.

(1) Путем рационализације коришћења расположивих природних ресурса и енергије стварају се трајне могућности за унапређивање ефикасности и рационалније остваривања материјалне производње, производње роба и услуга у складу са тржишним захтевима и еколошким богатством. На основама управљања простором и процесима урбанизације, стварају се услови за унапређивање животне средине у оквирима економског и социјалног развоја.

(2) Одрживи развој омогућава да се ефикасно и оптимално усклађују развојни токови по привредним групацијама, секторима, гранама и врстама материјалне производње, производње роба и услуга. Овим путем, спречава се појава загађивања прерађивачких привредних сектора, коришћењем загађених сировина произведених у примарним привредним секторима.

(3) Применом метода одрживог развоја материјалне производње, обезбеђује се примена еколошки чисте и здраве технологије, као трајне основе унапређивања животне средине. У функцији одрживог економског развоја, неопходно је утврђивати стратегију развоја науке и технологије, развити информационе системе и створити повољне организационе услове за ефикасно преношење и коришћење савремених еколошки чистих технологија, при заснивању и остваривању одређених развојних програма производње материјалних добара и услуга, а у складу са компаративним природним предностима и створеним тржишним и животним потребама становништва одређене земље и света у целини. Такође, за доследно заснивање одрживог економског развоја, поред домаћих научно-технолошких сазнања и потенцијала, неопходно је применити и сазнања из најразвијенијих земаља.

(4) Доследном применом метода одрживог економског развоја, стварају се основе и претпоставке за већи утицај становништва, као потрошача материјалних роба и корисника услуга. Укључивањем потрошача у систем управљања простором, животним срединама и процесима одрживог развоја насеља, стварају се трајне могућности за њихов утицај на квалитет производње у складу са међународним стандардима. Стварањем услова за већу активност потрошача у управљању квалитетом производње и технологије, омогућава се и њихов превентиван утицај на заштиту животне средине и квалитетнији живот у људским насељима.

(5) У процесу повезивања еколошких и економских принципа и циљева, при заснивању одрживог развоја, посебно је значајно

да се примене нови технолошки приступи у остваривању производње. Научна сазнања о методу одрживог економског развоја указују да развијање и остваривање материјалне производње треба заснивати аналогно процесима размене материје у живој природи еко системима.

3. УСКЛАЂИВАЊЕ РАЗВОЈНИХ ПРОГРАМА О ОДРЖИВОМ КОРИШЋЕЊУ ПРИРОДНИХ РЕСУРСА И МОГУЋНОСТИ ПРОИЗВОДЊЕ БИОЛОШКИ КВАЛИТЕТНИХ АГРАРНИХ РОБА ЗА ИЗВОЗ

На подручју наше земље, знатно заостаје примена метода одрживог привредног, посебно пољопривредног развоја, што је последица деловања дубоке економске и друштвене кризе, посебно под утицајем санкција Савета безбедности према нашој земљи, затворености света, растурања претходне Југославије и НАТО агресије на СР Југославију 1999. године. Наведене околности биле су основни ограничавајући фактор пољопривредног развоја. Међутим, са успостављањем усклађених економских односа са светом, пружају се могућности за доследнију примену политике одрживог развоја пољопривреде и производњу органски квалитетних аграрних роба у складу са еколошким и економским могућностима.

(1) Од природних услова и ресурса као детерминанти одрживе пољопривреде посебно су значајне погодности климатских обележја за остваривање пољопривредне производње на одрживим основама. У рејонима са повољним климатским условима постоје могућности за остваривање хармоничне и целисходне агротехнике за заустављање тенденција деградације и загађивања природних ресурса.

(2) Заступљеност, структура и рационалан начин коришћења земљишних потенцијала, на посебно руралним подручјима представљају посебно важан чинилац заснивања одрживе пољопривреде и производње еколошки чисте хране. У садашњим економским условима обрадиво земљиште се у недовољном степену користи на целисходан начин који би омогућио постизање већих економских ефеката.

(3) Расположиви водни потенцијали (по обиму и квалитету) такође, претстављају компаративни природни ресурс за заснивање одрживе пољопривреде. Водни потенцијали који настају у нашој земљи, нису међутим, правилно алоцирани по месецима у току године. Наша земља располаже са значајним резервама квалитетне подземне воде, посебно у Војводини и Мачви за 1,56 пута више од укупних количина домицилних вода. Према досадашњим истраживањима, ова вода је веома погодна за одрживу пољопривреду. С обзиром на разноврсност намене, водни потенцијали су осетљиви на различите видове загађивања, што захтева потпуније и ефикасније еколошке и економске мере за оптималну заштиту и рационално коришћење на одрживим основама у функцији производње биолошки квалитетних аграрних производа.

(4) Биодиверзитет и генофонд чине посебно значајну групу природних ресурса. Овај ресурс по својој структури заступљених врста флора и фауне, представља значајну основу за обогаћивање развојних програма у функцији остваривања одрживе пољопривреде и производње разноврсне и квалитетне хране[*].

(5) Поред спонтане популације биљака, селекцијом су створене бројне сорте. Извршено је и култивирање различитих својстава за преко 100 гајених врста биљака. Такође, из иностранства је интродуковано и одобрено увођење у производњу близу 1000 сорти за преко 80 врста биљака. Неповољна је чињеница што се генопотенцијал новостворених сората и хибрида користи испод 50%. Слично је код гајених врста, раса и сојева домаћих животиња.

У целини се може констатовати да се расположиви потенцијали биодиверзитета и генофонда веома скромно користе. Поред тога,

---

[*] Наша земља спада међу најбогатије земље у Европи по заступљености биодиверзитета и генетског варијабилитета који се у недовољном степену користе у развоју одрживе пољопривреде. Потенцијал флоре виших биљака у СР Југославији састоји се од 4850 врста, што чини 1,7% од укупног светског потенцијала флоре. Такође, релативно је богата и по заступљености фауне, јер се на њеној територији налази преко 15000 животињских врста.

ови потенцијали су слабо заштићени од утицаја неповољних чинилаца који су резултат загађености шире природне средине. За интегралну заштиту биодиверзитета на руралним подручјима треба системски регулисати доследну заштиту природних средина, а што се једино може постићи применом политике одрживог привредног и пољопривредног развоја.

4. АЛТЕРНАТИВНИ РАЗВОЈНИ ПРОГРАМИ ПРОИЗВОДЊЕ БИОЛОШКИ КВАЛИТЕТНИХ АГРАРНИХ ПРОИЗВОДА У ФУНКЦИЈИ ИЗВОЗА

Заснивање алтернативних развојних програма производње биолошки квалитетних аграрних производа* претставља значајну могућност производње за извоз. При сагледавању алтернативних развојних програма производње органски квалитетних аграрних производа полази се од расположивих еколошких услова и реалних могућности прилагођавања захтевима тржишта (домаћег и светског). У вези са овим, неопходно је извршити оптимални избор одређених врста и производних линија у складу са расположивим компаративним еколошким зонама. У остваривање органске производње на овој основи могу се укључити како биљне културе, тако и сточарске врсте и линије производње. Избором региона гајења са повољним еколошким и географским условима могу се постићи квалитетни резултати у развијању одрживе пољопривреде.

4.1. Могућности заснивања алтернативних развојних програма у биљној производњи

(1) Применом савремених агротехничких мера, посебно нових високородних сорти пшенице, кукуруза, сунцокрета, шећерне репе, могуће је постићи рентабилно остваривање квалитетне ратарске производње у равничарским подручјима

---

* У стручној и научној литератури још нема потпуне и прецизне сагласности о јединственом називу ових производа. Сада се користи више термина: здрава храна здравствено безбедна (исправна) храна, еколошки чиста, еколошки квалитетна, високо вредна и сл.

на бази наводњавања све већих површина еколошки пречи-
шћеном водом у Војводини у оквиру система ДТД.

(2) У брдским подручјима, посебно на површинама у речним
долинама, треба проширити и производњу квалитетног зр-
на јечма. Посебно је значајна наменска производња ражи и
јечма, као сировинске базе од значаја за производњу разли-
читих прерађевина у функцији извоза. Наменска производ-
ња и прерада кукуруза, може бити значајна за извоз и као
финални и као прерађени производ, на различите начине.
Развој индустријске прераде кукуруза приоритетно се ос-
лања на развој високе финализације постојећих производа и
полупроизвода, применом нове технологије и опреме, укљу-
чујући и проширење постојећих индустријских капацитета,
на бази истражености потреба страног тржишта.

(3) Производња соје је дефицитарна на нашем тржишту, што
условљава увоз великих количина, како у зрну, тако и као
сачме за потребе сточарства, као и за прераду, од значаја за
квалитетну исхрану становништва.

(4) Међу посебно значајне линије производње квалитетних из-
возних аграрних производа спада и јагодасто (ситно) воће.
Посебно је повећана тражња ситног смрзнутог воћа у земља-
ма ЕУ и другим европским земљама.

(5) На светском тржишту је повећана тражња лековитог, арома-
тичног и шумског биља, као сировина и њихових прерађеви-
на (етерска уља, козметички препарати, екстрати за алко-
холна и безалкохолна пића, фармацеутски препарати и др.).

4.2. Могућности заснивања алтернативних развојних програ-ма у сточарству

(1) У сточарству је могуће развити ширу производњу говеђег
меса на брдско-планинском подручју, коришћењем повр-
шина под квалитетним травњацима, ливадама и пашњаци-
ма, изграђеним производним и прерадним капацитетима.
На овом подручју, постоје повољни услови за повећану про-
изводњу јагњади.

(2) У том циљу неопходно је обезбедити квалитетну производњу подмлатка месних, односно млечних и плодних раса оваца. Упоредо са овчарством, треба развијати узгој коза за производњу млека и јарећег меса. За производњу овчијег и козијег меса потребна су релативно мала улагања у уређење простора, повећање производње сточне хране, набавка квалитетног подмлатка, побољшање здравствене заштите и повећање плодности оваца.

(3) Узгој коња за производњу меса, успешно се може развијати на земљорадничким газдинствима брдско-планинског подручја, као и другим подручјима која су више удаљена од путева. У нашој земљи постоје повољни услови за производњу слатководне рибе (пастрмке и шарана) у складу са потребама тржишта и развијањем туристичке понуде.

(4) Развој пчеларства и производња пчелињих производа, може бити посебно атрактиван развојни програм производње квалитетних аграрних производа. У нашој земљи постоје повољни природни и климатски услови за развој пчеларства и већу производњу пчелињих производа (мед, матични млеч, полен, прополис, восак, пчелињи отров). На бази пчелињих производа као сировина развијају се бројне прерађивачке гране (прехрамбена, козметичка, фармацеутска индустрија и др.). У пчеларству се испољава мултипликаторски ефекат развоја бројних врста спонтане и гајене флоре. У овој производњи, расположиви природни ресурси се користе свега око 5%, што указује на велике развојне могућности ове специфичне сточарске гране.

* * *

Продубљивање економске узајамности и повезивања привредних субјеката у пољопривреди са привредним субјектима у индустрији врши се у два правца. На једној страни, под утицајем научно-техничког прогреса и раста високо продуктивне пољопривредне производње, у пољопривреди се врши замена живог, радом индустријског порекла. У нашој земљи постоје огромне и неискоришћене могућности за развој малих и средњих предузећа у руралним подручјима за остваривање агробизнис, а у агроиндустријском сектору привреде на селу, које су до сада мало коришћене у развоју Југославије. На то указује и стање броја предузећа, броја запослених у њима, заостајање у односу на раст броја становника, као и на број МСП-а у другим привредним делатностима Југославије, посебно Србије.

5. СИСТЕМСКЕ МЕРЕ И ПОЛИТИКА ПРИЛАГОЂАВАЊА И ОСПО-СОБЉАВАЊА ПРИВРЕДНИХ СУБЈЕКАТА ЗА ОСТВАРИВАЊЕ ОДРЖИВОГ РАЗВОЈА ПОЉОПРИВРЕДЕ И АГРАРА

У разматрању претходних теза, одрживи развој пољопривреде је дефинисан као стратешки и интегрални метод и политика њене глобалне производње, посебно производње квалитетних аграрних производа, на основама рационалног коришћења и заштите природних ресурса. Ови циљеви истовремено чине битно подручје одрживог привредног развоја и заштите природне средине у целини. У нашим друштвено-економским условима на сектору одрживог развоја пољопривреде неопходно је разрадити системске основе и мере и утврдити по неколико кључних питања.

(1) Посебно је значајно, да се на стратешким основама разради и утврди усмеравање и оспособљавање привредних субјеката у пољопривреди, у складу са захтевима и променама домаћег и светског тржишта хране. Овим треба омогућити укључивање привредних субјеката агроиндустрије у отворен и тржишно усмерен мултилатералан трговински систем у свету, посебно у Европи. У оквиру стратегије одрживог развоја пољопривреде, посебно је значајно да се прилагоде права и обавезе привредних субјеката при конципирању робних развојних програма у функцији рационалног коришћења и заштите пољопривредних ресурса и животне средине у целини.

Целисходним развојним програмом, треба ускладити обим и структуру понуде органски квалитетних аграрних роба, како оних пољопривредних производа који се непосредно јављају као финалне робе, тако посебно оних пољопривредних производа који чине сировинску основу за производњу различитих прерађевина за домаће и инострано тржиште. Подстицајним мерама треба организационо и кадровски оспособити земљорадничка газдинства у оквиру земљорадничких задруга и других ширих асоцијација да истражују и процењују конкурентност иностраних произвођача и потреба одрживе потрошње.

(2) Неопходно је погодним системским мерама стимулисати непосредно пословно повезивање између земљорадничких газдинстава, у циљу комбиновања расположивих производних ресурса и капацитета у остваривању одређених развојних агроиндустријских линија. Ово се може применити у подизању привредних објеката, посебно стаја за држање појединих врста стоке, за заједничко унапређивање и коришћење пашњачких површина, воде у мелиорационим системима и сл. Применом ових начина повезивања производних капацитета у пољопривреди, могу се стварати услови за запошљавање стручних кадрова и развијање оптималне стручне службе у задружним организацијама, што би омогућило да се, на тој основи, створе услови за настајање специфичних облика повезивања привредних субјеката, независно од постојећих својинских облика.

(3) Полазећи од потенцијалних могућности наше пољопривреде и позитивног искуства развијених земаља, могуће је у нашим условима развијати оптималне моделе предузетничког породичног фармерства. При томе треба дефинисати породично газдинство у смислу како се то чини у земљама развијене тржишне економије. У нашим условима то би било оно газдинство које омогућује егзистенцију просечне четворочлане породице са поседом од 10×30 ha обрадивог земљишта и адекватним бројем условних грла стоке, али и поседима испод 10 ha, уколико се развија интезивна производња (на пример лековито биље, ситно воће, живинарство, и сл.). Неопходно је усмеравати и организовати приватне производне и услужне радње и сервисе сеоског занатства и трговине. Могуће је иницирати настајање малих предузећа и радионица домаће радиности и агенције сеоског туризма.

(4) Потребно је привредне субјекте (земљорадничка газдинства, задружне организације, приватна, мешовита и друга пољопривредна предузећа усмерити да развијају одговарајућу и ефикасну пословну организацију путем увођења система квалитета, у складу са међународним стандардима JUS ISO 9000 и захтевима светског тржишта.

Ово захтева да се економским мерама подстиче процес примене међународних стандарда JUS ISO 14000 (Environmental Management Systems - EMS). Треба, такође, подстицати привредне субјекте да уводе сертификате о географском пореклу производа. У овоме се налази и једна од кључних претпоставки за потпуније укључивање привредних субјеката у светско тржиште. У вези са овим и потребом континуелног усмеравања развоја и примене квалитетне технологије, треба створити знатно повољније системске услове за настајање и развијање ширих облика стручне и кадровске службе у земљорадничким задругама. У том циљу треба изградити оптималан информациони систем у функцији примене достигнућа науке и технологије и ефикасног усмеравања развојних и тржишних токова.

6. ЗАКЉУЧАК

У примени метода и политике одрживог развоја пољопривреде и производње аграрних роба полази се од тога да постоје значајне природне компаративне могућности, посебно на руралним подручјима. У стварању услова за одрживи развој пољопривреде и за ширење и унапређивање производње високовредних и органски квалитетних пољопривредно-прехрамбених производа, неопходно је одређеним системским и аграрно-економским мерама, подстицати рационално и ефикасно користити и заштиту расположивих природних потенцијала. У примени развојне политике, нужно је у пољопривреди усклађивати економске и еколошке захтеве на бази доследне примене међународних стандарда у коришћењу и заштиту природних ресурса при избору развојних програма и утврђивању оптималне технологије, у складу са достигнућима науке и захтевима домаћег и страног тржишта.

На подручју шире стручне службе, треба изградити интегрални еколошко-економски систем за управљање природним ресурсима, техничко-технолошким мерама, процесом прилагођавања развојне политике тржишним променама. У процесу ефикасног управљања производњом, прерадом и прометом билошки квалитетних прехрамбених производа, неопходно је преиспитати и допунити правно-системску основу и регулативу коришћења и заштите природних ресурса.

Нарочито је важно привредне објекте (земљорадничка газдинства, задружне организације, приватна, мешовита, државна и друга пољопривредна предузећа) усмерити да развијају одговарајућу и ефикасну пословну организацију у функцији увођења система квалитета, еколошког менаџмента, у складу са међународним стандардима и захтевима светског тржишта.

ЛИТЕРАТУРА

(1997): *Животна средина и развој*, „Напори Уједињених нација за бољу животну средину", Савезно Министарство за развој, науку и животну средину, Београд

Лошонц А. (1999): Елементи *економског концепта еколошке разноврсности*, Еко-конференција '99, Еколошки покрет, Нови Сад

Покрајац С. (1999): *Раскршће индустријске цивилизације: одрживи развој и еколошка економија као могући излаз*, Ecologica, година VI, бр. 2-3, Београд

Рикаловић Г. (1992): *Природни ресурси у послератном привредном развоју Србије*, „Привредни развој Србије - критичка преиспитивања", Економски факултет, Београд

Симић Ј., Стевановић С. (1996): *Повезивање еколошких и економских принципа у коришћењу производних ресурса и производњи биолошки квалитетних агро-индустријских производа у Републици Србији*, поглавље у монографији „Производња здравствено безбедне хране (економско-еколошки аспект)", Институт за економику пољопривреде, Београд

Симић Ј., Стевановић С. (1997): *Макроекономска и развојна питања производње и потрошње енергије у пољопривреди*, Зборник радова, Савез економиста Југославије, Копаоник

Симић Ј. (1998): *Одрживи развој пољопривреде и усмеравање производње биолошки квалитетних аграрних роба*, прилог у монографији „Друштвени и економски развој аграра", Пољопривредни факултет, Београд

Симић Ј., Стевановић С. (2000): *Тржишне детерминанте управљања одрживим развојем агроиндустријске производње*, VII Међународни симпозијум „Менаџмент промене", Sym-Org 2000, Факултет организационих наука, Београд

Симић Ј. (2003): *Положај перспективе и могућности прилагођавања пољопривреде Србије и Црне Горе ширењу тржишта ЕУ*, прилог у тематској монографији „Пољопривреда и рурални развој у европским интеграцијама", Пољопривредни факултет, Београд

ПЕРСПЕКТИВА ПОЉОПРИВРЕДЕ И СЕЛА ЈЕ У ЗАДРУГАРСТВУ

др Драган Марковић

Институт за политичке студије, Савски трг 7а, Београд

1. КУЛАШТВО ИЛИ ЗАДРУГАРСТВО

Сконцентрисана на реприватизацију, „транзиција" је до сада заобилазила задругарство, што је, поред осталог, утицало и на погоршавање стања пољопривреде и села. Заокупљене борбом за власт, политичке организације се нису много бавиле развојним проблемима, па не постоји ни јасна политичка визија даљег развоја пољопривреде и села, нити је разрешена прећутна дилема кулаштво или задругарство, са неповољним практичним импликацијама.

Задругарство је се још у претпрошлом веку појавило као историјска алтернатива кулаштву, чији би повратак значио велики искорак уназад. То би подразумевало поларизацију на мали број велепоседника и велику масу надничара, која је у постојећим условима готово неостварива. Због великих миграција сеоског становништва, село је осиромашило са радном снагом, а они који су остали нису вољни да отуђују своје поседе јер немају куда пошто ни у граду ни за „граном" више нема посла. На то нису спремни ни запослени полутани јер им је пољопривреда сада више но раније додатни или чак главни извор прихода. На продају земље не помишљају ни арбајтери који размишљају о повратку.

Али централизација земљовласништва и није пресудна јер више ни у пољопривреди није земља, него су техника и савремена технологија кључни чинилац производње, због чега имање све више уступа пред знањем, које се не мири са најамништвом и надничарством. Од-викнут од служења газдама, више се ни полуписмени сељак не мири са слуганством, а лична иницијатива и мотивација произвођача постају све значајнији чинилац производње.

Насупрот кулаштву, које искључује личну иницијативу и производну мотивацију надничара, право задругарство подразумева, подстиче и још увећава личну иницијативу и мотивацију задругара. И управо захваљујући томе, оно се могло развити у најшири и најснажнији општедруштвени покрет савременог човечанства, који у задовољавању заједничких интереса и животних потреба људи не зна за социјалне, националне, верске или било које друге друштвене разлике.

Једино је задругарство у могућности да удовољи категоричком захтеву савремене технологије за максималном мотивацијом и мобилизацијом произвођача, заснованим на њиховом економском интересу за што већом продуктивношћу и укупном економијом рада, што је истовремено неопходан услов и максималну мобилизацију материјалних чинилаца производње.

2. ПУТЕВИ И СТРАНПУТИЦЕ СРПСКОГ ЗАДРУГАРСТВА

Као алтернатива кулаштву, српско задругарство је, у складу са изворним задружним начелима, настало као облик слободног удруживања средњег и сиромашног сељаштва у одбрани од зеленаштва и других облика класне експлоатације. Прва задруга у Србији основана је марта 1894. године у Вранову код Смедерева, а прва војвођанска задруга на подручју тадашње Угарске, још 1846. год. у Бачком Петровцу. Већ 1895. године основан је Главни савез српских земљорадничких задруга, који је са још 10 националних задружних савеза суделовао у оснивању Међународног задружног савеза. До Првог светског рата 1913. године основано је 782, а до Другог светског рата 1939. године 3647 земљорадничких задруга, међу којима је било 1077 кредитних, 1819 набавно-продајних и 751 осталих[*].

---

[*] Подаци су из публикације Задружног савеза Југославије „Век и по задругарства", Београд, 1955.

Тај континуитет развоја изворног задругарства је након Другог светског рата прекинут оснивањем сељачких радних задруга, које у суштини нису ни биле праве задружне организације, и чији је број, под принудном политичком кампањом, од 1945. до 1950. године повећан са 31 на 6545[*]. Кампањски осниване по партијско-државним директивама, оне су због изразите неефикасности, на исти начин и ликвидиране, а настављено је са развијањем општих земљораднич-ких задруга, којих је 1953. године било 3124[**].

Због дириговане политичке оријентације на кооперацију, а затим на удружени рад, и број општих земљорадничких задруга је, међутим, све више смањиван, па је до 1973. године пао на свега 431. Након напуштања дириговане политике у организовању пољопривреде, задругарство је од 1989. године поново оживело, па је и број земљорадничких задруга у Србији до 1996. године повећан на 748[***].

Задругарство Србије је, међутим, још у критичном стању, и то до те мере да му се ни стварно стање не зна. Не слажу се чак ни статистички подаци, неке задруге су регистроване код привредног суда а не раде, док многе не раде по задружним принципима или једва састављају крај са крајем. Ако је некад предњачило, данас је српско задругарство на самом зачељу међународног задружног покрета.

Српско задругарство може представљати перспективу пољопривреде и села само под условом реафирмације и доследне примене изворних задружних начела, због чијег је напуштања и запало у дубоку кризу. Уместо да напредује, задругарство Србије је током полувековног таворења назадовало, губећи суштинска својства задругарства. То се, пре свега, огледа у отуђивању задружног власништва и задружног управљања од задругара.

---

[*] Митић Светозар, *Проучавање учешћа коопераната у управљању пољопривредним задру-гама Србије*, докторска дисертација, Пољопривредни факултет Универзитета у Београду, Београд, 1974, стр. 20.

[**] Век и по задругарства, исто, стр. 26.

[***] Види: Виден С. Ранђеловић, *Основи задругарства и земљораднично задругарство*, Пољопривредни факултет - Задружни савез Србије, Београд, 1999.

3. ТРАНСФОРМАЦИЈЕ ЗАДРУЖНОГ ВЛАСНИШТВА

Отуђивање задружног власништва започето је оснивањем сеља-чких радних задруга, чији се основни смисао састојао у принудном присвајању пољопривредних вишкова од стране државе. Већ самим утеривањем у СРЗ сељак је фактички лишаван производних сред-става, а имовина стечена колективним радом, није припадала њему већ отуђеној задрузи као једном од основних инструмената акумула-ције државног капитала.

Отуђеност имовине стечене заједничким радом задругара задр-жана је и у општим земљорадничким задругама, а са преименова-њем државне својине у друштвену, и она је у друштвену својину само формално трансформисана, где се статистички још увек сврстава. И Закон о задругама, донесен 1996. године, третира задружну својину као отуђено власништво, па се имовина преостала након престанка задруге не враћа задругарима него се ставља на располагање задруж-ном савезу.

Због тога нема интереса задругара за увећавање задружне имо-вине већ се уместо тога јављају тенденције њеног развлачења и инди-видуалне расподеле остварене добити. То уместо јачања води слабље-њу материјалне основе и техничко-технолошке опремљености задру-ге, по којима много лошије стоје од појединих индивидуалних газди-нстава. И то је вероватно један од разлога што се и земљорадничке за-друге више баве трговином него производњом, и што је релативно мали број задруга које нешто производе.

Пошто су незаинтересовани за увећавање задружне имовине, задругари нису мотивисани ни за улагања у задругу, на што их не подстиче ни постојеће законодавство. Законом о задругама задруж-ни удео није дефинисан као економска, већ као статусна категорија, у фиксном и за све једнаком износу, и нема никаквог утицаја на распо-делу оствареног дохотка и задружне добити. Члански удео нема ни-каквог утицаја ни на расподелу преостале имовине по престанку зад-руге, која се и не расподељује задругарима.

Расподела задружног дохотка и добити не врши се, међутим, ни према уложеним средствима ни према радном доприносу, што је ос-новни узрок суштинског изобличавања српског задругарства. Према једној анкети, „*...96,6% анкетираних задругара дало је негативан одговор на питање да ли се део дохотка по завршном рачуну враћа директно кооперантима*"*. Због недовољне заинтересованости за резултате заједничког рада и пословања задруге, слаба је и мотивација задругара за подизање продуктивности и унапређивање технологије, организације и задружне економије.

Стога је и кадровско стање земљорадничког задругарства незадовољавајуће, јер оно не само што не привлачи него и одбија пољопривредне стручњаке. Прво, зато што њихова лична примања не одговарају ни стварном ни потенцијалном доприносу, а друго, због тога што стручњаци често и не раде своје послове него свашатаре, а уколико су у струци, истраживачке могућности су мале. Према једном истраживању, преко 32% анкетираних сеоских интелектуалаца свој посао обавља искључиво рутински, око 54% понекад, а само 14% често уводи иновације**. Зато је и бројност стручног кадра у земљорадничким задругама забрињавајуће мала иако се пољопривредни стручњаци стално школују.

Решење није у приватизацији која би се састојала у растурању задруга и расподели задружне имовине задругарима, већ у претварању затечене имовине у задружне уделе према доприносу који су задругари дали њеном стварању. Проблем је само што стварни допринос није правовремено утврђиван, па би се на основу расположивих показатеља морао процењивати.

Суштина „приватизације" у задругарству морала би се састојати у претварању отуђене задружне имовине (која у суштини и није задружна) у заједничко власништво задругара, јер изворно задругарство подразумева да је задругар „*...са осталим задругарима савласник земље, зграда, машина, лађа и свега што једна задруга има, али члан задруге увек остаје приватни сопственик, истински појединац у великој удеоничарској имовини...*", који „*...може у свако доба тражити повраћај своје имовине*"***. Есенција задружне својине јесте да задругари својим уделима

---

* др Недељко Шуљманац, *Развој задруга, кооперације и социјалистичка трансформација села*, Матица српска, Нови Сад, 1975, стр. 220.

** Међународни научни скуп „Власински сусрети 1998. - Интелигенција и село", саопштење Живка Марковића

*** др Џемс Питер Ворбас, *Задружна демократија*, Задружна штампарија, 1935, стр. 141.

располажу индивидуално, а укупном задружном имовином располажу колективно.

То претпоставља да се целокупна задружна имовина састоји од задружних удела, било да се они у задругу уносе споља или да се стичу заједничким радом и пословањем задругара. Ради тога би се и задружна добит морала делити на задружне уделе према уложеном раду и средствима, односно према укупном доприносу задругара.

Тиме се постиже максимална мобилизација задругара, како за што већа улагања, тако и за стално унапређивање рада и пословања задруге, јер што су већи пословни резултати већи су и удели у задружној имовини, која се управо повећавањем индивидуалних удела увећава. У тој функцији треба да је и могућност неограничених улагања, као и потпуна слобода индивидуалног располагања задружним уделима и колективног располагања заједничком имовином.

На тај начин се отвара могућност и за неограничену производну концентрацију земљишних поседа без узурпације својинских права индивидуалних земљопоседника. Под условом да равноправно суделују у располагању задружном имовином те расподели задружне добити, и земљопоседници који се не баве пољопривредом, биће заинтересовани да своје поседе удружују ради заједничке производње.

Засновано на изворним задружним начелима, аутентично задругарство омогућава најфлексибилнију и најрационалнију организацију пољопривредне производње путем функционалног здруживања радне снаге, обрадивог земљишта, производне механизације, финансијских средстава и других производних чинилаца. Основу таквог здруживања чине профитабилни производни програми, који уз што мања улагања дају што веће ефекте у интересу свих судеоника њихове реализације.

Доследна примена изворних задружних начела, посебно у расподели и присвајању новостворене вредности, је неопходан услов и за подизање нивоа стручности у задругарству. При расподели и присвајању према радном доприносу, пољопривредни стручњаци ће бити заинтересовани не само за запошљавање већ и за стално унапређивање рада и пословања задруге, чиме ће највише доприносити, па и највише зарађивати.

4. УПРАВЉАЊЕ ЗАДРУГОМ

Располагањем задружним власништвом предодређено је и управљање задругом јер „ко име паре има и власт". Задругари су стварни управљачи само уколико су стварни власници, што је лапидарно изражено и Ворбасовим слоганом да „...*задруга управља колективно приватном имовином својих задругара*"[*]. Својински односи који почивају на задружним начелима су по својој природи демократски јер заједничко располагање подразумева и заједничко управљање задружном имовином.

С отуђивањем располагања задружном имовином отуђује се и управљање задругом, без обзира каква су формална права задругара, што се поразно одражава на задружно пословање. „*Пословни неуспех већине постојећих задружних организација у пољопривреди приписује се кризи управљања, које се огледа у томе што је сељак уклоњен са сцене управљања задругом*"[**].

Према истраживању Недељка Шуљманца, „...*утицај индивидуалних произвођача - чланова задруге на одлучивање у задрузи, правац развоја задруге и пословање задруге је мали... Приближно две трећине задругара изјављује да кооперанти - чланови задружног савета, не могу или могу али не битно, да утичу на измену предлога задруге, односно прецизније речено, радника задруге о ценама машинских услуга*"[***]. Од анкетираних задругара у 7 земљорадничких задруга (1998. год.), само 8% одговорило је да има велики, 48% да има мали, а 44% да нема никакав утицај на одлучивање у задрузи. И у оној најстаријој, Азањској задрузи, од анкетираних 10 задругара, на задружно одлучивање 1 има мали, а 9 немају никакав утицај[****].

Индивидуализација задружног власништва, у смислу јасног дефинисања својинског субјективитета задругара, значила би његово постављање на аутентичне задружне основе као изворну самозаштиту и

---

[*] Цит. рад, стр. 142.

[**] проф. др Зорка Вујатовић-Закић, *Кооп-менаџмент*, Дунав група - Дунав превинг а.д., 2000., стр. 313.

[***] Цит. рад, стр. 221. и 218.

[****] Међународни научни скуп „Власински сусрети 2000. године", из саопштења Живка Марковића

од интерног и од екстерног отуђивања. Само као стварни својински субјект задружног власништва, задругар може бити и стварни управљач задружном имовином, који неће дозволити да се она од њега отуђује. Колективни својински и управљачки субјективитет заснива се на индивидуалном субјективитету. Задругари не могу бити стварни колективни власници задружне имовине ако нису индивидуални власници својих удела, нити њоме могу стварно управљати колективно ако о својим уделима не одлучују индивидуално.

Непосредно располагање задругара задружном имовином подразумева и њихово непосредно управљање задругом. Да би удружена средства задржали у свом власништву, они о њима морају непосредно одлучивати заједнички као што о неудруженим одлучују индивидуално, због чега „...гласање преко заступника није допуштено“*.

Истински колективно и демократско управљање не заснива се на представничком већ на непосредном заједничком одлучивању свих чланова колектива. У подржављеним задругама, подведеним под општеважећи принцип једноначалија, владали су, међутим, сасвим супротни односи између ауторитарног руководства, способног да ради само по партијско-државним директивама, и обезвлашћеног чланства лишеног сваке могућности стварног одлучивања.

Тенденције интерне монополизације одлучивања у самим задругама огледају се у настојањима да се оно ограничи на што ужи круг активних учесника, преко којих се може вршити одлучујући утицај аутократске управе, чиме се управљачке функције задругара практично своде на пуку формалност. То је нарочито изражено кроз настојања да се непосредно одлучивање замени посредничким одлучивањем представничке скупштине, којом се бирократски може много лакше манипулисати.

Зато је неопходно да скупштину као основни и највиши орган управљања задругом, чине сви задругари, без могућности преношења основних функција управљања на представничко тело, као што су посебно: доношење основног нормативног акта (правила), утврђивање пословне политике, одлучивање о статусним променама и престанку задруге, доношење програма и планова развоја, одлучивање о

---

* П. Ворбас, цит. рад

основним условима рада и пословања задруге, као и о начину расподеле укупног прихода, дохотка и остварене добити, те избор управног одбора, надзорног одбора и директора задруге.

Скупштина задруге не мора радити само у седницама, већ задругари, поготову ако су бројни, могу расправљати и одлучивати и на зборовима, а одлуке доносити и референдумом или потписивањем, односно давањем писане изјаве. Мање значајне одлуке може доносити и представничка скупштина, али на основу демократски заузетих ставова већине задругара, што претпоставља претходну јавну расправу и делегирање представника који ће те ставове у скупштини најдоследније заступати, чему би највише одговарао променљиви мандат.

5. ШИРЕЊЕ ЗАДРУГАРСТВА НА НЕПРОИЗВОДНЕ ДЕЛАТНОСТИ

Није само стање пољопривреде од судбоносног значаја за живот пољопривредника, него и обрнуто, услови живота пољопривредника битно утичу на стање пољопривреде. За то је од посебног значаја економска рационалност у задовољавању заједничких потреба сеоског становништва, која подразумева да се са што мањим утрошком средстава постигне што виши степен задовољења, а то је најлакше постићи задружним организовањем.

Ту функцију делимично обављају опште земљорадничке задруге, које се више баве прометом него производњом, што је ипак недовољно, па се, на бази самодоприноса, надомешта самоуправним акцијама месних заједница. Због отуђености услужних организација, и средства самодоприноса се, међутим, отуђују од грађана, и на штету животног стандарда сеоског становништва и саме пољопривреде, нерационално троше.

Да би се такво стање превазишло, улогу јавних предузећа морале би у пружању јавних услуга преузети услужно-потрошачке, стамбене, омладинске и друге задруге, унутар којих би сами грађани бринули о задовољавању својих потреба. Зато би, нарочито у већим сеоским насељима, па и за потребе више суседних насеља, уместо свашатарског општег, требало развијати специјализовано задругарство. То би допринело да се земљорадничко, односно пољопривредно задругарство више, и првенствено посвети пољопривредној производњи.

Уместо сваштарења, требало би развијати непосредну сарадњу различитих специјализованих, нарочито произвођачких и услужно-потрошачких задруга. И перспектива пољопривреде је у непосредном повезивању производње и потрошње, којим не само што се заобилазе све нерационалности прометног посредовања, него се обезбеђује и непосредни утицај потрошача на производњу здраве и јевтиније хране.

У томе значајну улогу треба да има штедно-кредитно задругарство, које је некада као ефикасан облик самозаштите од зеленаштва, било најразвијеније управо на селу, а сада је државним прописима, ради заштите банкарског монопола, практично онемогућено. И данас би се незаштићени сељак самокредитирањем могао заштитити од разноразних израбљивача који са свих страна насрћу на његову муку. А сасвим је сигурно да би своју мукотрпну уштеђевину најрационалније користио, како у сопственом тако и у општедруштвеном интересу.

Перспектива, међутим, није у пасивној, већ у активној штедњи, која треба да је саставни цео задружног привређивања сваког задругара. Уместо да улаже у банку или штедионицу, очекујући скрштених руку загарантовану камату, свако своју уштеђевину треба да уз пословни ризик директно улаже у неки уносан посао, и да на тај начин заједно са другима сам брине о својој будућности. И уместо да ради за другога, или други за њега, путем задружног самоорганизовања свако треба да ради за све и сви за свакога. Село је до сада силом прилика ка томе више од града нагињало.

ОСНОВНИ ИЗВОРИ

Емпиријска истраживања
Документација задруга и задружних савеза (узорак)
Законодавна регулатива

Литература (ужи избор):

Михаило Аврамовић, *Земљорадничко задругарство*, Београд, 1912.

др Громослав Младенац, *Историја задружних доктрина*, Савез набављачких задруга државних службеника - Задружна библиотека, Београд, 1935.

Виден С. Ранђеловић, *Основи задругарства и земљораднички задругарство*, Пољопривредни факултет - Задружни савез Србије, Београд, 1999.

Сто година организованог задругарства у свету и код нас, Задружни савез Југославије, Београд, 1995.

Сто година земљорадничког задругарства Србије, група аутора, Београд, 1994.

Недељко Шуљманац, *Развој задруга, кооперација и социјалистичка трансформација села*, Матица српска, Нови Сад, 1975.

Век и по задругарства, Задружни савез Југославије, 1995.

Мирослав Витез, *Земљорадничка задруга*, Научна књига, Београд, 1988.

Џемс Питер Ворбас, *Задружна демократија*, Задружна штампарија, 1935.

Вучковић Михаило, Радић Михаило, *Економика пољопривреде са задругарством*, Привредни преглед, Београд, 1974.

Задругарство у процесу транзиције, зборник, Друштво економиста Београда, Београд, 2002.

проф. др Зорка Вујатовић-Закић, *Кооп-менаџмент*, Дунав група - Дунав превинг а.д., 2000.

ОСНОВНИ ЕЛЕМЕНТИ ЗА СТРАТЕШКО ПЛАНИРАЊЕ РАЗВОЈА ШУМАРСТВА СРБИЈЕ

др Ненад Ранковић, др Миливој Вучковић, мр Богдан Стефановић
Шумарски факултет Универзитета у Београду, Кнеза Вишеслава 1, Београд

1. УВОД

Шумарство (шифра 030001) је привредна област која се базира на узгоју, нези, заштити и коришћењу шумских ресурса. Основне карактеристике стања у овој области се могу адекватно проценити према уделу у друштвеном производу, запослености, технолошком нивоу и факторима конкурентности.

Удео шумарства у друштвеном производу Србије износи 71,22 милиона US\$ (2001. год.), а учешће шумарства у укупном друштвеном производу привреде Србије је 0,71%.

Укупан број запослених износи 7170, што представља 0,38% укупног броја запосленог становништва у привреди Србије. Просечна нето-плата запослених у шумарству износи 50 US\$ (2001. год.).

Технолошки квалитет производних капацитета је у опадању. Техничка опремљеност рада у шумарству Србије опада (од 1990. до 1999. год. је за око 2 пута смањена), као и ефекти рада (1985. год. производност рада је била 363 m^3 по раднику, а 1997. год. 267 m^3 по раднику, односно 73,6 $m^3 \cdot kW^{-1}$ 1985. године, а 38,8 $m^3 \cdot kW^{-1}$ 1997. године). То је проузроковано, пре свега, опадањем ангажоване снаге машина (158 MW у 1990. години, а 65 MW у 1999. год.), при чему се као основни узроци таквог стања могу идентификовати физичко смањење броја машина и уређаја у погону (тешкоће око увоза и плаћања опреме, јер се већина код нас или не производи или нису таквих техничких

T-1. Цене лишћарске индустријске обловине (у US$·$m^{-3}$)

Земља	1970	1975	1980	1985	1990
Свет (просек)	47,00	74,00	140,00	99,00	160,00
Аустрија	/	29,85	66,31	45,34	90,94
Чешка	/	/	34,83	40,28	25,21
Немачка	15,52	30,16	67,33	43,21	98,39
Швајцарска	/	46,04	83,66	54,87	95,56
Мађарска	64,00	92,89	176,2	80,85	/
Југославија	15,92	20,18	20,75	28,72	36,81
Однос Југославија/Свет	1:3,00	1:3,67	1:6,79	1:3,45	1:4,35

Извор: *Forest products prices 1969-1988*, FAO Forestry Paper № 95, FAO, Rome, Forest products prices 1973-1992, FAO Forestry Paper № 125, FAO, Rome

T-2. Цене трупаца за резање букве у 2002. год. (III класа, пречник од 35-80 cm, дужина 3-12 m)

Земља	Цена US$·$m^{-3}$
Немачка	155,00
Швајцарска	125,00
Чешка	55,00
Румунија	50,00
Словенија	60,00
Србија	61,00

Извор: http://www.unece.org/trade/timber/

карактеристика да се могу користити у шумарству), застарелост активних машина и уређаја (просечна старост је 11,5 година, а просечан степен отписаности је од 78-98%) и нешто нижи степен коришћења капацитета техничких средстава (услед недостатка горива, мазива и гума за возила).

Када су у питању фактори конкурентности, може се констатовати да у погледу ценовне конкурентности имамо да су нивои извозних цена у једном дугом периоду времена биле значајно испод нивоа светских цена. То је проузроковало смањен девизни прилив и знатно умањило ефекте због којих се обловина извозила. Иако се тако може извозити и даље, ипак се треба оријентисати на пласман дрвета на домаћем тржишту, а извозно оспособити дрвну индустрију да буде конкурентна на међународном тржишту.

У погледу неценовне конкурентности имамо ситуацију да се код најмасовнијих производа шумарства (буково дрво) услед различитих узрока, не користе све наше предности у односу на конкуренте. То су, пре свега, нешто веће учешће крупнијег дрвета (већи пречници обловине) и боља својства дрвета. Зато се кроз маркетиншке активности треба ангажовати да се те предности искористе за повећање ценовне конкурентности.

Дивљач и месо дивљачи су производи који тренутно немају неко велико учешће у друштвеном производу шумарства (просечна вредност излова је око 8 милиона US$, што чини 11% друштвеног производа шумарства). Међутим, то су производи који могу да буду много значајнији фактор у приходовању девизних средстава него до сада. У прилог томе говоре две чињенице: постојећи капацитети ловишта се не користе у потпуности и постоје значајне могућности проширења постојећих капацитета (Ранковић Н., Поповић З., 2000).

Основна слабост у погледу неценовне конкурентности код свих производа је неприпремљеност и кашњење у вези увођења сертификата, стандарда и робних марки који се траже за шумске производе (увођење еколошких сертификата је тренутно у пуном замаху у ЕУ).

2. ОСНОВНИ ПРОБЛЕМИ РАЗВОЈА ОВОГ СЕКТОРА

2.1. Општа привредна ситуација

Као најургентнији проблеми који оптерећују овај сектор привреде могу се идентификовати следећи (Ranković N., Vučković M., Nonić D., 2000):

- реструктуирање бивше планске и централизоване привреде према тржишно оријентисаној привреди (**транзиција**) проузроковало је опадање свих економских показатеља шумарског сектора уз један додатни проблем - неразумевање са сектором заштите животне средине (екологија);

- **не постоје јасно дефинисана национална шумарска политика** и стратегија (Национални шумарски програм), примена стандарда ЕУ, као и стручно утемељено и јасно постављено шумарско законодавство;

- озбиљно **нарушено стање и структура шумских екосистема**, а посебно је значајно непожељно високо учешће изданачких шума (41,9%) у односу на високе (40,3%), што је последица дугогодишњег неулагања у биолошку репродукцију у шумарству (од 1984. год. мере неге подмлатка су опале за 24 пута, мере проређивања су од 1990. год. опале за 6 пута, итд.). Последице се осећају не само у производњи шумских сортимената већ и у пратећим делатностима (ловство, лековито биље, шумско семе, итд.), као и у еколошким ефектима;

- стално **смањење шумске површине** (0,4% годишње, односно око 12000 *ha* просечно годишње), услед недостатка финансијских средстава за пошумљавање (обим пошумљавања је опао од 1989. год. за скоро 18 пута);

- **слаба техничка основа производње**, односно недовољна је густина мреже шумских путева и неповољно стање механизације. Шумски камионски путеви су једна од основних претпоставки за интензивно газдовање шумама, јер омогућавају на економичан начин да се у шуму довезу радна снага и средства за рад, као и да се из шуме извезу шумски сортименти и отпреме на тржиште. Према стручним мерилима, потребно је да густина путне мреже буде око 13-18 $m·ha^{-1}$, а у Србији је тренутно око 5,8 $m·ha^{-1}$, па је јасно зашто се то јавља као ограничавајући фактор производње. Што се тиче механизације, просечна старост је 11,5 година (ради се о средствима која су при крају амортизационог периода), а она ни по технолошком нивоу, ни по количини, не задовољавају захтеве које поставља интензивно газдовање шумама;

- **лоше стање шума у приватном сектору власништва** које практично не учествују у снабдевању дрвне индустрије потребном сировином. У државном власништву је 1,384 милиона *ha* шума или 56,2%, а у приватном 1,078 милиона *ha* или 43,8%, при чему су приватне шуме скоро у целини изданачког порекла, слабог прираста дрвне запремине и лоше сортиментне структуре. Поред тога, приватни шумски посед је и расцепкан (преовлађују мале парцеле, раздвојене једне од других), што све отежава примену мера за поправак њиховог стања (приватних власника шума у Србији има око 500.000 са око 5 милиона парцела чија је просечна величина око 0,3 *ha*, а у земљи не постоји активна организација или удружење приватних власника шума, нити се пружа подршка формирању њихових удружења);

– **непостојање допунских извора** (изван шумарства) **за финансирање** потребних стручних мера у поправак стања шума. Свест о потреби допунских извора за наменско финансирање одређених радова у шумарству је стара и такви извори су традиционално постојали у прошлости (Фонд за унапређење шумарства, СИЗ за шумарство и Републички фонд за шуме Србије - укинут 1997. године). Постојањем ових иституција покушавано је да се нешто врати шумарству што му је кроз систем вредновања резултата рада ускраћено, али у много већој мери да би се испунио један принцип који гласи: „сви који имају користи од шума (било директне, било индиректне) треба да учествују у поправци стања шума". Колико је овај ресурс пружио друштву и тиме израубован говори и чињеница да је пре свега 150-180 година (животни век једног буковог стабла) Србија имала 75% шумовитости, да би данас спала на око 27% (ако би се узели у обзир неки оштрији критеријуми FAO, који дефинишу појам шуме, онда је она чак и мања - око 18%), а шумарство од тога није имало скоро никакве користи (континуирано преливање капитала из шумарства у друге секторе привреде).

2.2. Организација шумарства у Србији

У Србији у овом тренутку постоје два велика јавна предузећа („Србијашуме" и „Војводинашуме") која газдују са 1,3 милиона *ha* државних шума (то је скоро половина шумских површина у Србији), док је остали део углавном мали приватни шумски посед. Када се посматра дубећа дрвна запремина види се да је учешће државног сектора 60%, а приватног 40% од укупне дубеће дрвне запремине. Таква ситуација се одражава и на структуру предузећа по величини.

Основне карактеристике садашњег стања могу се груписати на оне које повољно делују и оне које делују неповољно. Повољно деловање се испољава у следећем:

– у шумарству је само на довољно великој површини могуће организовати финансијски исплативу производњу, што даје извесну предност државном сектору шумарства, где је посед у облику великих комплекса;

Т-3. Шумски фонд према сектору власништва

Власник	Површина		Запремина		Зап. прираст	
	хиљ. ha	%	мил. m^3	%	хиљ. m^3	%
Укупно	2462	100	257	100	7184	100
ЈП „Србијашуме" и ЈП „Војводинашуме"	1272	51,67	136	52,92	3968	55,23
ЈП „Национални паркови"	75	3,05	13	5,06	371	5,16
ЈП „Борјак" Врњачка Бања	8	0,32	2	0,78	41	0,57
Водопривредне и пољопривредне орг.	23	0,93	3	1,17	80	1,11
Наставне базе Шумарског факултета	6	0,24	1	0,39	27	0,38
Државне шуме	1384	56,21	155	60,31	4487	62,46
Приватне шуме	1078	43,79	102	39,69	2697	37,54

Извор: Ranković N., Vučković M., Nonić D., 2000

– концентрација техничких средстава у начелу омогућава рационалније коришћење њиховог капацитета (то зависи и од бројних других фактора);
– олакшана је примена државних административних мера ради остваривања циљева шумарске политике.

Неповољно делују следећи елементи:
– изостанак јасно дефинисане шумарске политике;
– бирократизација управљачких функција у великим и гломазним јавним предузећима;
– отежана државна контрола рада управљачких структура, па нема ни њихове одговорности за резултате пословања (требало би да власник, у овом случају држава, поставља менаџера фирме и да му ограничен мандат да управља државном имовином, а редовно контролише његов рад и чим се појаве негативне тенденције поставља способнијег), што се видљиво одражава на пословање;
– неефикасност у спровођењу радних задатака (велика сложеност система и удаљеност непосредних извршилаца од управљачких структура отежава комуникацију и контролу извршених послова);
– тешко се могу повезати рад запослених и њихова лична зарада, чиме се губи мотивација за рад, због чега постепено долази до „еродирања" пословног успеха;
– уситњеност приватног поседа;

– изражен и евидентан биодиверзитет шума Србије захтева и потврђује различите мере заштите природних реткости што компликује и повећава трошкове управљања;
– жене су углавном укључене у помоћне и споредне послове који ће први бити приватизовани, а то указује на могућност да ће жене вероватно бити прве које ће сносити све последице приватизације укључујући и могућу незапосленост.

2.3. Извоз шумских сортимената

Познато је да шумарство није извозно оријентисана област, али се извозе одређене количине трупаца и других врста производа од дрвета, као и неки недрвни производи (дивљач, лековито биље, итд.). Вредност извоза шумских производа Србије и Црне Горе 2000. год. износила је 43,9 милиона US$. Учешће Србије је знатно веће од Црне Горе и износи око 36 милиона US$.

Заостајање за земљама из региона у погледу вредности извоза (нарочито Словеније и Хрватске) је последица структуре производног асортимана (преовлађују ниже сортиментне категорије - огревно и целулозно дрво, као и јефтиније буково дрво) и обима сеча, које услед деловања различитих фактора постепено опадају (1986. год. 4,7 милиона m^3, а 1999. год. 2,45 мил. m^3). Пошто се ради о сировинама, оваква ситуација не би требало да буде тако велики проблем ако би се кроз извоз резане грађе и финалних производа од дрвета то компензовало. Ипак, вероватно ће се ипак морати извозити извесне количине трупаца, поготову у периоду док дрвна индустрија не достигне

Т-4. Извоз шумских производа (обухваћени и неки производи примарне прераде)

Земља	1995	1996	1997	1998	1999	2000
	милиона US$					
Босна и Херцеговина	316,000	316,000	56,184	62,785	65,335	65,335
Хрватска	384,821	235,017	284,417	200,843	229,039	229,039
Македонија	24,527	24,527	15,890	10,627	9,085	8,573
Словенија	374,379	330,268	726,128	400,339	380,236	426,062
Србија и Црна Гора	19,160	44,990	44,990	59,732	43,884	43,884

Извор: Статистички билтен „Шумарство" бр. 2130-2286

такав степен развоја да може квалитетно да употреби понуђено дрво (гледано и по величини и по асортиману) и не заживи тржишно формирање цена дрвета (продаја на лицитацијама).

2.4. Еколошки проблеми

Шумарство не само да врло мало нарушава екосистемску равнотежу, већ је чак и „ствара", јер подизањем и неговањем шума се остварују бројне еколошке функције (регулација режима подземних и надземних вода, производња кисеоника, везивање угљеника, спречавање ерозије земљишта, итд.). Ипак, одређени еколошки проблеми се могу јавити, а узроци могу бити у шумарству или ван њега.

Проблеми који могу проистећи из обављања редовне производње су следећи:
– неадекватно и нестручно извођење радова (у мањој мери);
– коришћење неадекватне механизације (реално могуће);
– коришћење хемикалија за заштиту стабала од штеточина (у мањој мери).

Проблеми који настају изван шумарства су следећи:
– шумски пожари (врло велика опасност);
– индустријско загађење (велика опасност);
– пестициди из пољопривреде (реално могуће);
– крађа дрвета из шума (велика опасност);
– појава ерозије земљишта (врло велика опасност).

Са друге стране, иако постоје бројни супститути дрвета, они не могу угрозити дрво у већини области примене. При томе треба нагласити да се производња супститута дрвета редовно везује за негативне еколошке последице, док је производња дрвета еколошки „чиста".

3. ОСНОВНИ ПРАВЦИ РАЗВОЈА ШУМАРСТВА

Овај сектор (грана, групација) треба и може током периода од 2004. до 2010. године да обезбеди следеће развојне циљеве:
– подршка сектору дрвне индустрије да се снабде одговарајућим количинама шумских сортимената, ради увећања степена

обраде дрвне сировине и постизања што већих извозних ефеката, али на тржишним принципима;
– да омогући планску и стручно утемељену **супституцију једног дела електричне енергије и увозне нафте** за задовољење енергетских потреба становништва (брикетирањем се користи дрвни отпад, при чему, с обзиром на стање шума, производња огрева може да порасте до 3,5 милиона m^3, уз повећану производњу ћумура и брикета);
– да омогући **поправак еколошких губитака** створених у другим производним процесима и унапреди опште стање животне средине (повећање свести о животној средини од најранијих генерација, увођење еколошких трендова и еколошког начина мишљења и места и значаја шума и шумарства у томе);
– савремен приступ **управљању националним парковима** са мултифункционалним циљевима који су суштински елеменат одрживог коришћења.

Када се узму у обзир и неки други, недрвни производи шумарства (дивљач, гљиве, лековито биље, итд.), процењује се да су ту могућности за остваривање девизних ефеката итекако значајне, али се услед различитих неповољних околности тренутно не реализују у таквој мери.

Потенцијали који постоје су следећи:
– шумска површина се процењује као добра основа за развој шумске привреде. Она се може и повећати, чиме би се омогућила производња дрвета, других шумских производа и побољшање еколошких услова у знатно већој мери;
– природни услови (клима, рељеф, орографски услови, хидрографске прилике, итд.) су повољни за развој шумарства;
– постојећа мрежа путева, без обзира што заостаје за оном која се сматра оптималном, ипак је то чврста основа за обављање послова у шумарству. Са њеним проширењем те могућности би се знатно повећале и брзо би се остварили видљиви материјални ефекти;
– кадрови у шумарству, својим бројем и квалификационом структуром, могу водити шумарство ка бољим резултатима. Уз

одговарајуће ангажовање на унапређењу квалитета стручне наставе, изградњи критеријума за оцену квалитета рада, изналажењу начина да се задрже најквалитетнији кадрови и запошљавању младих инжењера на стручним пословима (не у администрацији) ситуација би била и знатно боља (уочава се, пре свега, недостатак знања из менаџмента, управљања пројектима, законске регулативе, пословне политике, шумарске политике и бизниса);

– 100.000 *ha* продуктивног земљишта за пошумљавање;
– велике могућности и потенцијали приватних шума;
– велике привредне могућности се налазе у пословима везаним за лековито биље, шумско воће, гљиве, мед, итд.

Од потенцијала који се могу створити издвајају се:
– механизација и техника су тренутно велики проблем шумарства, али би се могло, уз ангажовање на осмишљавању поправке тог стања, рачунати на повећање степена механизованости радних процеса. Уз координирано планирање развоја машинске индустрије и шумарства може се очекивати да до краја 2010. год. буде достигнут ниво ангажоване технике од 130 *MW* (1985. год. 135 *MW*, а највиши је био 1990. год. 158 *MW*);
– информатички систем у шумарству је практично у повоју и скоро да се не може о њему ни говорити. То је озбиљна препрека за бржи развој ове области, јер ако се има у виду структура података (врсте података - технички, биолошки, економски, еколошки, а и број елементарних података у оквиру ових врста) јасно је и да структура тог система мора бити сложена и да захтева највећу стручност и најснажнију техничку подршку (јаки рачунари последње генерације). Уз добро осмишљавање поставке и развоја таквог информационог система (стручно постављен и фазно развијан), он би врло брзо постао значајан фактор развоја шумарства. Одређеним финансијским улагањима у кадрове и опрему могло би се до 2010. год. створити језгро система и оспособити известан број подсистема за парцијално функционисање (процена је да би се најбрже могли успоставити геодетски подсистем - ГИС, подсистем премера шума и подсистем мониторинга стања шума);

– ради подизања квалитета газдовања шумама потребно је просторно обједенити и организационо унапредити газдовање приватним шумским поседом (стимулисати удруживање власника), јер се само тако могу остварити производни ефекти и друштвени утицај на остваривање еколошких функција тих шума.

Имајући наведено у виду, основни правци развоја овог сектора до 2010. године били би следећи:

– израда Националног шумарског програма (**НШП**) и Националног ловног програма (**НЛП**);

– **унапређење и дорада законске регулативе** у области шумарства, пре свега Закона о шумама (прецизније обухватити приватни сектор шумарства) и Закона о животној средини (првенствено кроз сарадњу сектора и њихову координацију);

– **постизање просечне густине путне мреже од 7** $m \cdot ha^{-1}$ би се повољно одразило на све радове у шумарству (повећање обима узгојних и заштитних радова, обима сеча, као и бољи распоред сеча у простору). План развоја шумарства предвиђа градњу 1000 km (није реално - реално је 200 km са коловозом и 200 km без коловоза) путева годишње, тако да би се густина путне мреже 2005. год. подигла на ниво од 7,35 $m \cdot ha^{-1}$. За те сврхе требало би издвојити око 63,92 милиона US\$, што чини око 16 милиона US\$ годишње. Без тога тешко је очекивати поправак стања шума и подизања производње дрвета и осталих производа шумарства на жељени ниво;

– за заустављање негативног тренда смањења површине под шумом потребно је годишње **пошумити око 12000** ha, а требало би створити услове за барем 20000 ha, колико је био обим пошумљавања почетком 80-их година. За то треба обезбедити барем 25 милиона US\$ годишње, док би за достизање обима пошумљавања из 80-их година требало још додатних 17 милиона US\$ годишње. Како се пошумљавањем стварају предуслови за повећање производње свих производа шумарства, ако се не реализује пројекција пошумљавања неће се остварити жељени привредни циљеви, а посебно еколошки чији се ефекти (као последица пошумљавања) могу достићи у знатно краћем временском интервалу у односу на привредне ефекте (ти ефекти се, за разлику од привредних, осећају одмах након пошумљавања);

– **поправак стања механизације** у шумарству је, такође, веома значајан задатак, јер се без тога не могу очекивати никакви већи производни ефекти. На бази тренутних потреба државног сектора шумарства (само за најнужније потребе), потребно је уложити око 13 милиона US\$, а за развој и унапређење потребно је и знатно више;

– **повећање обима мелиоративних радова** (превођење изданачких у високе шуме), посебно ако се има у виду да је у протеклом периоду много изгубљено услед неизвршења ових радова у потребном обиму. Високе шуме имају већи прираст дрвне запремине знатно бољег квалитета од изданачких шума, стабилне су структуре и омогућавају одрживо газдовање шумама са знатно мање ангажовања потребних ресурса (људских, техничких и енергетских). Код ниских (изданачких) шума слаб је квалитет дрвета и могућности његовог коришћења су веома сужене, па се на њима не може базирати развој дрвне индустрије Србије, односно неће се постићи жељени циљеви у том сектору;

– повећање интензитета свих расположивих мера (акценат ставити на мере превенције) за **сузбијање шумских штета**, посебно шумских пожара, јер се сви учињени напори и жртве могу обезвредити ако се дозволи да се дрвна материја некорисно утроши (изгори);

– ангажовање на пословима организације **сакупљања и откупа свих „споредних" шумских производа** (гљиве, шумско семе и плодови, лековито биље, мед, итд.). Поред тога, шумарство и туризам (као и здравство и угоститељство) имају значајне могућности да узајамно сарађујући и усаглашавајући своје програме остваре знатно боље девизне ефекте;

– **смањење отпатка** при коришћењу шума и повећање степена коришћења тањег материјала, што би уз још неке мере (рециклажа отпатка) знатно утицало на степен искоришћења дрвне биомасе и веће финансијске ефекте.

– подизање нивоа организације и управљања приватним шумама чији ће значај бити све већи.

За остваривање развоја (раста укупног производа, конкуретности, технолошке и пословне модернизације, итд.) овог сектора приметно недостају способност запослених и оних који су сада на тржишту рада, за обављање следећих послова и функција:

- **истраживање и анализа тржишта** производа шумарства;
- општи и функционални **менаџмент** (посебно важно за управљачке структуре у јавним предузећима) у условима тржишног привређивања;
- **маркетинг, дистрибуција и продаја** свих производа шумарства у условима тржишне економије;
- примена **сертификације, стандарда и робних марки** у области производње и екологије (посебно је значајна еколошка сертификација производа шумарства, која има за циљ да обезбеди да шумски производи изађу из еколошки „чистог" процеса производње, за шта је потребно оспособити кадрове за увођење и трајно спровођење сертификације, као и едукацију у овој области);
- **мониторинг** (контрола и праћење) **промена стања шумских екосистема** (имајући у виду спорост и прикривеност промена у шумским екосистемима, потребно је обезбедити правовремено квалитетна сазнања о тим променама, за шта је потребно ангажовати савремену технику и обучене кадрове за њено коришћење).

Значајна је и улога овог сектора у уједначавању међурегионалних разлика у развијености. Шумарство може да одигра значајну улогу у овом погледу на два начина:

- дрво и дрвни производи, као и неки недрвни производи, могу развијањем тржишта да постану атрактивни за проширење прихода сеоских домаћинстава и одиграју значајну улогу код доношења одлуке за останак на имању или не (социо-економски аспект);
- шуме својом улогом у очувању земљишта и спречавању његових губитака, као и општим повољним деловањем на аграрну производњу, омогућавају добијање значајно већих прихода од

пољопривреде, што може повољно утицати на демографска кретања;
– на основу дрвне сировине, која је сконцентрисана у брдским и планинским регионима у Србији, становништво може организовати производњу (занатског типа или у облику малих индустријских предузећа) многих производа од дрвета у сопственој режији, а постепеним ширењем броја ових предузећа, ствара се основа за побољшање квалитета живота на селу и останак становништва у тим регионима.

4. ЕКОЛОШКИ РИЗИЦИ

Еколошки ризици које носи развој шумске привреде састоје се, углавном, у следећем:
– **шумски пожари** су у последње време чешћи, пре свега због лоших технолошких предуслова, а еколошке последице су велике и тешко се отклањају (захтева много средстава и времена). Зато је потребно много озбиљније организовати службу заштите од шумских пожара и довести је (и технички и кадровски) у потпуно функционално стање за превентивно и репресивно деловање;
– **бесправна и неконтролисана сеча** шума доводи до крупних еколошких поремећаја, па треба прецизно прописати мере за спречавање бесправних сеча и доследно их спроводити;
– може се јавити **ерозија земљишта**, па је потребно перманентно пратити стање земљишта (посебно у брдско-планинским регионима), да би се на време предузеле адекватне мере. Основна стратегија треба да буде на превенцији, да се услови за ерозију не створе (биолошке мере), па тек онда на санирању последица (техничке мере) на већ еродираним теренима.

5. ПОТРЕБНИ ИНСТРУМЕНТИ И МЕРЕ ЗА РЕАЛИЗАЦИЈУ

На бази ових анализа и поређења може се препоручити предузимање одређених активности, формирање потребних институција и примена адекватних мера за побољшање стања у шумарству. Те активности би се састојале у следећем:

- **политика цена** - ослободити цене производа шумарства административне контроле и обезбедити њихово формирање на тржишту (на добро припремљеним лицитацијама);
- **царинска политика** - давање царинских олакшица при увозу неопходне опреме, која се код нас не производи, а неопходна је за обављање радова у шумарству (нпр. садашње стопе од 15% треба спустити барем у наредних 3-5 година на ниво од 3-5%, а касније их усклађивати према потреби);
- **буџетска политика** - још извесно време биће потребна и одређена буџетска давања за обављање неких хитних радова (пошумљавање, отварање шумских комплекса мрежом путева и узгојне мере, као и тамо где се брзо могу остварити производни резултати који ће утицати на уравнотежење увозно-извозног салда);
- **пореска политика** - пореске олакшице за оне који би улагали средства у шумарску банку, пошумљавали извесне површине, за приватне шумовласнике ако се удруже у одговарајућа удружења приватних шумовласника, за дрвно-индустријска предузећа која улажу у биолошку репродукцију шума, итд.;
- **оснивање шумарске банке**, која би финансирала производне инвестиције у шумарству по повољним каматним стопама (шумарство не може да поднесе каматне стопе веће од 10%, а интерна стопа приноса за већину врста дрвећа се креће око 5-6% и мање) и сервисирала све остале потребе шумарства. Основни извори средстава би били буџет (у почетку и са тенденцијом смањења током времена), враћена средства од пласираних улагања (у целини), донације и средства од других организација и/или лица која имају интерес да средства уложе у банку. Банка би преузела улогу ранијих фондова, али на другим основама, јер би постојање обавезе враћања позајмљеног капитала снажно утицало на доследно спровођење инвестиционог пројекта и на то да се производња заиста и оствари (из чега би се средства и враћала). Неки слични примери постоје (The Nature Conservacy Forest Bank, Virginia, USA) и дају добре резултате;

– помоћ у **образовању кадрова** унапређивањем наставе и наставних садржаја, као и повећањем материјалне основе образовања (боље плате запослених у образовању, финансирање набавке савремених учила и наставних средстава, финансијска подршка теренској настави студената шумарства, итд.);

– **стимулације за посебно успешно изведене пројекте** (ако се, при константним осталим условима, неке инвестиције за краће време заврше и пусте у рад или раније почну да стварају добит), посебно би то могло да важи за пројекте пошумљавања нових површина;

– основне потребе у **инвестиционим средствима** се могу процењивати са аспекта ургентности, јер уколико се не обезбеде може се угрозити и постојећи (већ довољно слаб) положај шумарства. Наиме, ако се потребе за механизацијом, проширењем мреже шумских путева, пошумљавањем и мелиорацијом у овом тренутку могу дефинисати као ургентне, онда се ради о суми од 70 милиона US$ годишње (560 милиона US$ до 2010. год.), а ако би се амбициозније кренуло у опоравак ове области (информациони систем, мониторинг стања шума, приватизација и сл.) тада би се морало рачунати са нешто већим износом (око 100 мил. US$ годишње) да би се до 2010. године ситуација у шумарству учинила стабилнијом.

Овде треба напоменути да се целокупна производња у шумарству одвија на принципима ОДРЖИВОГ РАЗВОЈА. При томе треба имати у виду да је шумарска струка идејни зачетник тог принципа, који се у шумарству јавља још крајем XVIII века на основној поставци шумарске политике да се ТРАЈНО обезбеде приноси и приходи од шума. Крајем XX века он доживљава своју преформулацију и излази из окриља шумарства, тако да се сада принцип одрживости заснива на томе да се обезбеде СВЕ привредне и еколошке функције за СВЕ генерације становништва од СВИХ обновљивих ресурса. Како се производња у шумарству заснива на овако изложеном принципу, јасно је да је тиме постављена нека граница за остваривање тренутних комерцијалних ефеката, али се зато остварују неки други (сви у исто време и на истом месту - вишенаменска производња), новцем тешко мерљиви, ефекти те производње који обезбеђују повољне услове у окружењу за обављање свих људских активности. Тако гледано, може се закључити да сва улагања у шумарство имају битно другачији карактер од оних улагања која се могу мерити само привредним (финансијским) критеријумима и мерилима.

ЛИТЕРАТУРА

Ranković N., Vučković M., Nonić D. (2000): *Forest and Forestry*, Yugoslav Survey 3, Vol. XLI, Jugoslovenski pregled, Beograd (69-96)

Ранковић Н., Поповић З. (2000): *Динамика одстрела и вредност излова неких врста дивљачи у Србији*, Савремена пољопривреда 3-4, Пољопривредни факултет Универзитета у Новом Саду, Нови Сад (195-199)

Стефановић Б. (2002/а): *Производња дрвних сортимената и градња путева у шумама Србије у периоду 1991.-2000. године*, Дрварски гласник 43-44, Удружење шумарских инжењера и техничара Југославије, Београд (45-52)

Стефановић Б. (2002/б): *Проширење мреже шумских путева у Србији у периоду 2002-2010. године*, Развојни програм „Проширење мреже шумских путева и пошумљавање голети, сечина и јаловишта у Србији у периоду 2002-2010. године", Министарство за науку и технологију Републике Србије и Министарство за финансије и економију Републике Србије, Београд

Стефановић Б., Митровић Д. (2001): *Стратегија развоја коришћења шума, путева и механизације у шумарству Србије у периоду 2001.-2005. године*, Пројекат „Програм развоја шумарства Србије за период 2001-2005. године", Министарство за пољопривреду, шумарство и водопривреду Републике Србије, Институт за шумарство - ЈП „Србијашуме", Београд

СТРАТЕГИЈА РАЗВОЈА ДРВНЕ ИНДУСТРИЈЕ СРБИЈЕ

др Бранко Главоњић

Шумарски факултет Универзитета у Београду, Кнеза Вишеслава 1, Београд

1. У В О Д

Дугогодишња економска криза, изазвана санкцијама УН према Југославији и ратовима у њеном окружењу, погодила је у великој мери привреду Србије, а самим тим и дрвну индустрију. То се посебно односи на велика предузећа (комбинате) у друштвеном и државном власништву. С друге стране, процеси глобализације који су у току већ су, у знатној мери, пооштрили захтеве светског тржишта на коме су квалитет и иновативност производа главни фактори конкурентности.

Имајући у виду наведено као и ограничења која карактеришу домаћи привредни амбијент, Влада Републике Србије, иницирала је израду Стратегије привредног развоја Србије до 2010. године. Саставни део те стратегије представља Статегија развоја дрвне индустрије.

2. ЦИЉЕВИ СТРАТЕГИЈЕ РАЗВОЈА

У циљу јаснијег сагледавања будућег развоја као и позиције и значаја за привреду Србије, постављени су следећи циљеви у Стратегији развоја дрвне индустрије Србије до 2010. године:

- достизање задовољавајуће међународне конкурентности производа и услуга дрвне индустрије са учешћем извоза од око 60% од њеног GDP до 2010. године;
- промена и развој производне структуре која ће се, са најмањим могућим трошковима и напорима, интегрисати са производном структуром ЕУ при приступању Србије овој заједници;

– развој дрвне индустрије са растућим учешћем знања као основног ресурса;
– промена доминантног учешћа производа са нижим степеном финализације у корист финалних производа (пре свега квалитетног намештаја);
– повећање извоза са 96 милиона US$ (2000. год.) на 270 милиона US$ у 2010. години;
– повратак и значајније освајање тржишта појединих земаља ЕУ (15) у извозу намештаја;
– раст запослености радно способног становништва и пораст искоришћења капацитета.

3. АКТУЕЛНО СТАЊЕ ИНДУСТРИЈЕ СРБИЈЕ И ЦРНЕ ГОРЕ

Дугорочни тренд индустријске производње у Србији има тенденцију сталног опадања почев од маја 1989. год. (преузето из МАП-а, бр. 2, 3, 4, 5/2002). У следеће три године, дакле до маја 1992. године, индустријска производња је опала за 47% (по стопи од око 29% годишње), да би до јануара 1994. године и старта Аврамовићевог програма опала за још 58% (или 42% годишње). Кумулативни пад у периоду од маја 1989. до децембра 1993. износио је 77,7%. Почетком 1994. године индустријска производња оживљава, али узлаз траје кратко - само до краја ове године (у том периоду расте по стопи од 2,5% месечно). У скоро читавој 1995. години индустријска производња поново опада у односу на ниво из новембра 1994. год. (8,6% годишње), а тек у новембру 1995. године долази до новог заокрета. До новембра 1996. године индустријска производња је расла по стопи од 1,6% месечно, достигавши ниво од тачно једне трећине производње из маја 1989. године. У следећих шест месеци производња стагнира, да би тек у јулу 1997. године производња нагло порасла након убацивања средстава од продаје Телекома (пре свега, у сферу финалне потрошње, али и у кредите за обртна средства за привреду).

Међутим, индуковани раст је био изузетно кратак и трајао је само 5 месеци (производња је расла по просечној месечној стопи од око 2,4%). У следећој, 1998. години, стихијски је настављен процес започет у претходној години и остварен је годишњи пораст производње од 3,4% (ефекти Телекома су деловали као подстичући, а појачавање спољног зида санкција као ограничавајући фактор раста). У 1999. години производња је била мања за 24,1% него у претходној години, што је последица, пре свега, НАТО агресије али и рецесије која је захватила производњу у другој половини 1998. год. и која је продужена и у првом тромесечју 1999. године (од средине 1998. до краја првог квартала 1999. год. индустрија је опадала по стопи од 10% на годишњем нивоу). Производња у 1999.години чинила је тек једну трећину производње из 1990. године, а месечни минимум је достигнут у мају, када је остварена производња била за око 80% мања од производње из маја 1990. године.

У 2000. години остварен је пораст производње за 10,5% у односу на 1999. годину, али је то, истовремено, била за око 15% мања производња од обима из 1998. године. Производња је благо расла у првој половини 2000. године (и у односу на прво полугодиште претходне године била је већа за преко 20%), али се у априлу сусрела са рецесионим трендом из 1998. год. и, коначно, почев од августа почела да опада. Рецесиони тренд је настављен и у 2001. години, да би тек у последњем

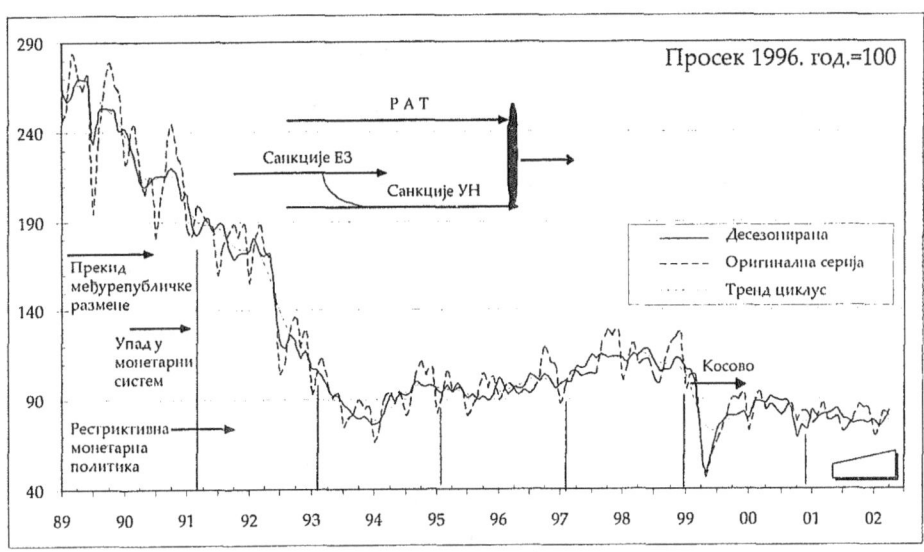

Графикон 1. Индекс индустријске производње СРЈ

кварталу дошло до узлазне тенденције и наговештаја опоравка индустријске производње. Обим производње у 2001. години био је једнак производњи из претходне године. Истовремено то је за 62,5% мања производња од производње из 1990. године.

Приказани дугорочни тренд (графикон 1) показује изузетно лоше стање индустријске производње у Србији и СРЈ као и то да је индустријска производња у посматраном периоду била у сталном опадању, са тек неколико периода у којима је благо расла. Битно је приметити да је у периоду дужем од једне деценије изостала конципирана индустријска политика и да су спорадични пораст производње били резултат: монетарне стабилизације (јануар 1994. године, Аврамовићев програм), наглог прилива капитала (лето 1997, продаја Телекома), опоравка након ратних разарања (2000. год.) или повремених ублажавања санкција и реинтеграције у међународно окружење (неколико мањих потпериода). Дакле, изостала је било каква осмишљена индустријска политика – у читавом посматраном периоду или су екстерни шокови онемогућавали конципирање дугорочне политике чије би мере резултирале здравим и дуготрајним растом индустријске производње.

3.1. Актуелно стање дрвне индустрије Србије

Дрвну индустрију Србије сачињава 1396 предузећа за примарну прераду и 2096 предузећа за финалну прераду дрвета. Највећи број предузећа је у приватном власништву. У примарној преради дрвета 96% предузећа су у приватном власништву, 2,8% су у друштвеном власништву, а остатак од 1,2% су у државној, задружној и мешовитој својини. Слична структура предузећа је и у финалној преради дрвета. Према пореклу капитала највећи број предузећа је са домаћим капиталом (98,21%) али је приметно и присуство мешовитог и страног капитала.

Актуелно стање дрвне индустрије Србије карактерише, пре свега:
– технолошко заостајање, јер је опрема у највећем броју предузећа израубована и непримерена текућим захтевима које поставља тржиште (посебно инострано);

– дисперзиван извозни асортиман (без препознатљивог произ-
вода) и ограничен број тржишта са променљивим купцима;
– успорен процес декомпонавања и приватизације важних ин-
дустријских предузећа, у којима је због текуће неликвидности
производња сведена на минимум.

Поред сопствених, присутни су и проблеми у окружењу, а пре
свега неразвијеност адекватних институција привредне инфраструк-
туре. Тржишна структура је неразвијена, а функционисање тржиш-
ног механизма налази се под непосредним или посредним утицајем
различитих и веома бројних чинилаца неекономске природе. При-
вредни систем је недограђен, а неки његови кључни сегменти споро се
развијају (финансијско тржиште, тржиште новца, својинска заштита,
итд.), док је економска администрација застарела и по ефикасности
драстично заостаје за оном која већ постоји у земљама у транзицији.
У постојећој ситуацији неминовно је програмско, технолошко, мар-
кетиншко и организационо реструктурирање највећег броја преду-
зећа дрвне индустрије, која се појединачно налазе у различитом по-
ложају гледано са аспекта међународне конкурентности.

Реструктурирање дрвне индустрије Србије није могуће извр-
шити ослањајући се само на тржиште. Оно јесте полазна основа, али
за успешно реструктурирање важно је и учешће државе, пре свега
кроз стварање повољног тржишног амбијента доношењем одговара-
јуће законске регулативе, али и мерама економске политике у циљу
стимулисања, пре свега, извозно оријентисаних предузећа.

Имајући у виду постојеће стање у дрвној индустрији Србије, зна-
чајно измењене односе у светској економији и постављене опште ци-
љеве стратегије привредног развоја Србије до 2010. године, извршена
је класификација и груписање најзначајнијих производа дрвне индус-
трије Србије, а затим су дефинисани појединачни стратешки циљеви
за сваку групу производа.

4. СТРАТЕШКИ ЦИЉЕВИ ДРВНЕ ИНДУСТРИЈЕ СРБИЈЕ ДО 2010. ГОДИНЕ

Стратешки циљеви развоја дрвне индустрије Србије до 2010. год.
подељени су у две групе. Прва се односи на задовољавање потреба

домаћег тржишта и развој нових производа (пре свега нових типова подова, LVL плоча, ламелираних носача, итд.). Друга група циљева односи се на извоз. Ту је сновни циљ достизање вредности извоза од 120 мил. US$ до 2005. год. и повећање извоза на 270 милиона US$ до 2010. године. Главни извозни производи за остварење тог циља су:
- намештај и делови за намештај;
- резана грађа и обрадци;
- шпер плоче и VF одпресци за намештај;
- ламелиране дрвне плоче;
- фурнир;
- остали финални производи (грађевинска столарија, подови, амбалажа, галантеријски производи).

4.1. Стратегија извоза намештаја

Стратешки циљ извоза намештаја Србије представља достизање извоза од 50 мил. US$ до 2005. год. и повећање извоза на 150 милиона US$ до 2010. године. Кључне мере за остварење ових циљева су:
- производња намештаја од масива за тржиште западних земаља, а посебно производња и извоз намештаја за седење, трпезаријских гарнитура и спаваћих соба;
- производња и извоз делова за намештај (врата за корпусе, седишта за столице и др.);
- корените промене у дизајну, функционалности и квалитету намештаја и уградња нових материјала;
- специјализација и интеграција великог броја малих и средњих предузећа ради заједничког наступа на страним тржиштима;
- програмско преструктурирање по принципу да сви не производе све;
- увођење система ISO квалитета.

Циљна тржишта за извоз намештаја из Србије су тржишта Немачке, Грчке, Велике Британије, Француске, Италије и Русије.

4.2. Стратегија извоза резане грађе и обрадака

Основни циљ у извозу резане грађе (пре свега лишћара) је смањити њен извоз на око 200.000 m^3 годишње у корист финализације,

што би уз промену сортиментне структуре, квалитета, бољег пакова-
ња, сортирања, маркирања и поштовања рокова испоруке омогући-
ло извоз од око 80 милиона US$ до 2010. године. Кључне мере за ост-
варење постављених циљева су:

- промена сортиментне структуре у извозу;
- извоз суве резане грађе, чија је цена и до 100 US$ већа у односу
  на просушену и сирову грађу каква се тренутно извози из
  Србије;
- формирање асоцијације извозника ради заједничког наступа
  на иностраним тржиштима и елиминисања међусобне конку-
  ренције која је тренутно веома изражена;
- повратак на тржиште Велике Британије са извозом резане
  грађе букве.

Циљна тржишта за извоз резане грађе су Италија, Грчка, Кина,
Белгија, Скандинавске земље и Велика Британија.

4.3. Стратегија извоза шпер плоча и VF отпресака за намештај

Србија има традицију у производњи шпер плоча, потребне си-
ровинске ресурсе и релативно добре производне капацитете за про-
изводњу шпер плоча. Имајући то у виду, стратешки циљеви у произ-
водњи и извозу шпер плоча су производња од око 30.000 m^3 и извоза
од око 6,5 милиона US$ до 2005. године и повећање производње на
50.000 m^3 и извоза од 10 милиона US$ до 2010. године. Кључне мере за
остварење постављених циљева су:

- повећање производње и извоза букових шпер плоча јер им је
  цена знатно већа у односу на шпер плоче од тополе, које су
  тренутно доминантне;
- промена структуре у производњи и извозу шпер плоча од
  тополе са циљем смањења производње и извоза плоча у CC
  класи квалитета у корист производње плоча у AA и AB класи
  квалитета;
- повећање производње и извоза водоотпорних шпер плоча за
  потребе грађевинарства;
- развој шпер плоча од четинара.

Циљна тржишта за извоз шпер плоча из Србије су Италија, Немачка и Аустрија.

4.4. Стратегија извоза фурнира

Извоз фурнира представља значајну ставку у укупном извозу древне индустрије Србије. Постављени циљеви у извозу фурнира до 2010. год. су у функцији повећања његовог учешћа у укупном извозу древне индустрије. До 2005. год. циљ је да се постигне производња од 50.000 m^3 и извоз од 10 милиона US$, као и повећање производње на 80.000 m^3 и извоза од 20 милиона US$ до 2010. године. Кључне мере за остварење постављених циљева су:

– прерада трупаца F и L класе у фурнир, а не у резану грађу;
– повећање производње и извоза племенитог фурнира у укупној производњи фурнира, посебно храстовог и јасеновог у односу на конструктивни фурнир;
– одвајање и посебно паковање блистача, полублистача и бочница и њихов извоз на поједина тржишта.

Циљна тржишта су Италија, Немачка, Белгија, Холандија и Велика Британија.

4.5. Стратегија извоза ламелираних древних плоча

Ламелиране древне плоче представљају производ са широким спектром употребе што је утицало да за овим производом постоји велика тражња, поготово на тржишту Немачке. Стратешки циљеви Србије у овој области су достизање производње од 10.000 m^3 и извоза од 10 милиона US$ до 2005. год. и повећање производње на 20.000 m^3 и извоза од 20 милиона US$ до 2010. године. Кључне мере за остварење постављених циљева су:

– прерада кратке грађе (1,0-1,70 m) у ламелиране древне плоче уместо њиховог извоза по веома ниским ценама;
– усаглашеност југословенског стандарда са стандардима ЕУ;
– смањење царина на увоз машина и друге опреме за њихову производњу.

Циљна тржишта за извоз ламелираних древних плоча из Србије су Немачка, Италија и Аустрија.

4.6. Стратегија извоза осталих производа дрвне индустрије Србије

Стратешки циљ Србије за остале производе од дрвета јесте достизање извоза од око 40 мил. US$ до 2010. године. Кључни производи за остварење овог циља су: грађевинска столарија, амбалажа, подови од дрвета, лесонит и дрвна галантерија. Основне мере које је потребно предузети за остварење овог циља су:

– заједнички наступ предузећа из дрвне индустрије са грађевинском оперативом на тржишту Русије и арапских земаља, у опремању ентеријера и извозу грађевинске столарије, подова и намештаја;
– извоз дрвне амбалаже и лесонита
– извоз дрвне галантерије и играчака за децу од дрвета.

Циљна тржишта су Русија, арапске земље, Немачка, Грчка и Италија.

5. ИСПОЉЕНИ ПРОБЛЕМИ У ДОСТИЗАЊУ ЗАДОВОЉАВАЈУЋЕ КОНКУРЕНТНОСТИ НАЈЗНАЧАЈНИЈИХ ПРОИЗВОДА ДРВНЕ ИНДУСТРИЈЕ СРБИЈЕ У ИЗВОЗУ НА ТРЖИШТЕ ЗЕМАЉА ЕУ

Дуго одсуство домаћих предузећа са тржишта земаља ЕУ (поготово важи за намештај) представља значајан како оперативни тако и стратешки проблем, с обзиром на чињеницу да је сада потребно уложити знатно веће напоре у повратку и освајању одређеног тржишта него што је то било потребно пре 10 година.

Спроведена истраживања конкурентности најзначајнијих производа дрвне индустрије Србије на тржиштима одабраних земаља ЕУ, показала су присуство одређених проблема.

5.1. Најзначајнији проблеми у извозу намештаја

Основне категорије намештаја које се извозе из Србије на тржишта земаља ЕУ (пре свега Немачке, Италије и Француске) су намештај за седење, трпезаријски и намештај за спавање собе. Укупна вредност извоза ове три категорије намештаја у 2001. год. износила је 13,6 милиона US$ и чинила је 62,5% од укупног извоза намештаја.

Основни проблеми испољени у извозу намештаја на тржиште земаља ЕУ су:

– непостојање сопствене робне марке. Највећи број произвођача и извозника производи и извози намештај (пре свега за седење - столице) по моделима (узорцима) које доносе инострани купци. Релативно мали број произвођача успева да поред извоза „туђих" извезе и неки од својих модела, али у ограниченим количинама;

– проблеми у постизању одговарајуће прецизности и квалитета израде услед високих захтева купаца у погледу дозвољених толеранција, а које се са великим тешкоћама могу постићи јер су машине и опрема већине произвођача прилично израубоване и старе;

– највећа количина намештаја за седење извози се на тржишта земаља ЕУ површински завршно не обрађена (не лакирана), што за последицу има ниже цене. Са постојећом технологијом, не може се радити квалитетна завршна површинска обрада која подразумева употребу нових материјала, који нису штетни за људско здравље (уљни премази), што представља један од одлучујућих критеријума куповине намештаја у западним земљама.

Производњом намештаја по узорку за иностране купце, домаћи произвођачи су у могућности да сагледају све карактеристике и специфичности дизајна њихових производа и при том стекну неопходна искуства. Међутим, то није довољно да би се развио домаћи дизајн намештаја, прихватљив за инострано тржиште.

Домаћи произвођачи који желе извозити сопствене производе морају их претходно иновирати, пре свега, са аспекта дизајна, функционалности и материјала од којих су израђени. То захтева ангажовање одговарајућих стручњака и много већа финансијска улагања у истраживања и развој производа.

За повећање производње, извоза, конкурентности са становишта квалитета израде производа, цена и продуктивности изабраних категорија намештаја неопходно је извршити технолошку модернизацију предузећа. Постојећа технологија у већини предузећа стара је више од 20 година, прилично је израубована и заостаје неколико генерација у односу на информационе технологије која се користи у западним и неким од земаља у транзицији. Са том технологијом домаћи произвођачи уз велике напоре успевају да испуне високе захтеве у погледу прецизности и квалитета израде намештаја од дрвета, али уз смањење продуктивности и ефикасности производње. Наиме, просечно време израде једне столице у Италији износи 26 минута, а у Србији је око 120 минута. Овако ниској продуктивности доприноси, у великој мери, и начин организације и управљања производњом.

Производња и извоз намештаја за седење (а делимично и трпезаријског намештаја) претежно се обавља као пословна кооперација са иностраним партнерима. С обзором, да се у највећем броју случајева извози туђа робна марка то и нису потребна озбиљнија улагања за промоцију ових производа. Извоз трпезаријског намештаја у БиХ и Македонију карактеристичан је по извозу сопствених робних марки, за које је потребно вршити значајнију промоцију, због све веће конкуренције произвођача и извозника из Румуније, Пољске, Хрватске и Словеније на тим тржиштима. За повећање извоза намештаја из Србије на тржиштима Немачке, Италије, Грчке и Велике Британије од значаја је формирање националне Агенције за промоцију извоза, која ће бити од велике користи произвођачима оног момента када буду спремни за извоз производа сопствене робне марке.

Сарадња са страним партнерима тренутно је најзначајнији вид остваривања извоза намештаја на тржишта земаља ЕУ. У периоду до 2010. године, потребно је предузети мере да се та сарадња прошири како по категоријама намештаја који ће бити извожен, тако и по обиму и вредности извоза. У том смислу, потребно је створити још повољније услове за страна улагања кроз формирање мешовитих фирми, као што је то урађено у Пољској.

5.2. Најзначајнији проблеми у извозу дашчаних плоча, резане грађе и фурнира

У Србији је у 2001. год. произведено око 8.000 m^3 дашчаних плоча. Од тога, извезено је око 95%. Најзначајније тржиште је Немачка.

Чак се и дашчане плоче које се извозе у Словенију реекспортују на тржиште Немачке. Поред Немачке, дашчане плоче се извозе још у Италију, а почетком 2002. године отпочео је њихов извоз у Швајцарску. Поред тржишта наведених земаља, у току су припреме неких домаћих произвођача за извоз ових плоча на тржишта арапских земаља.

Продуктивност просечног произвођача дашчаних плоча од дрвета у Србији мања је за око 2-3 пута у односу на продуктивност просечног немачког произвођача. Највећи број произвођача у Србији производи и извози дашчане плоче у А/В класи квалитета, док су ретки они произвођачи који производе и извозе плоче у В/В, В/С и С/С класи квалитета. Основни разлог за то је ненаменско резање трупаца код оних произвођача који имају своје пилане, док они произвођачи који немају сопствене пилане купују резану грађу онакву какву нађу на тржишту.

Извоз дашчаних плоча из Србије обавља се, скоро код свих произвођача, преко трговачких посредника, углавном из Немачке и Словеније. До крајњих корисника домаћи произвођачи тешко долазе углавном због већ постојећих и веома јаких дистрибутивних канала у којима главну улогу имају јаке трговачке компаније. Такве компаније купују дашчане плоче из Србије, Румуније, Пољске, Словеније и Чешке и даље их реекспортују на и изван тржишта ЕУ (у САД). Поред присутности конкуренције од стране произвођача из других земаља (земље у транзицији) додатни проблем домаћих извозника је непостојање заједничког наступа и договора о ценама према иностраним купцима.

Основни проблеми у извозу резане грађе су: промена сортиментне структуре, пад цена и међусобна конкуренција извозника. Након губитка тржишта Египта на које је пласирана углавном лошија резана грађа са учешћем С класе и до 60%, произвођачи резане грађе у Србији нашли су се у великим проблемима, с обзиром да тржишта Италије, Грчке, Израела и скандинавских земаља углавном траже дугачку грађу (2,10 m и навише) и до 10% у испоруци кратке грађе. Проблем је делимично решен прерађивањем супер кратке грађе у елементе, а кратке грађе (1,0-1,70 m) у дашчане плоче. Због тога су последње три године у Србији изграђени значајни капацитети за производњу дашчаних плоча, а према извештајима произвођача њихово проширивање се наставило и током 2002. и 2003. године.

Додатни проблем у извозу резане грађе из Србије је њен извоз у сировом стању. Наиме, још увек се мале количине резане грађе извозе вештачки сушене, док се највеће количине извозе у просушеном стању са влажношћу око 22%. То значајно утиче и на постизање нижих цена и до 100 US\$$\cdot m^{-3}$ у односу на цене осушене грађе. Такође, велики проблем представља и међусобна конкуренција извозника јер не постоји струковно удружење у оквиру кога би се договорио заједнички наступ домаћих извозника према иностраним купцима.

Ценовна неконкурентност представља главни проблем у извозу фурнира из Србије. Наиме, цене храстовог фурнира из Србије ниже су за око 30% у односу на цене америчког и немачког фурнира на тржишту ЕУ (15). Ово заостајање цена резултат је неодговарајућег квалитета резања, сортирања и паковања. При том, многи произвођачи не врше одвајање и посебно паковање блистача, полублистача и бочница и њихов извоз на различита тржишта (нпр. Белгија је тржиште блистача, Холандија и Велика Британија полублистача, а Немачка и Италија бочница). С друге стране, фурнир из Србије у потпуности је конкурентан у погледу квалитативних својстава храстовом фурниру из САД или Немачке. Међутим, ово квалитативно својство фурнира није још увек искоришћено за постизање његових виших цена.

6. ПОТРЕБНЕ ЗАКОНОДАВНЕ И ИНСТИТУЦИОНАЛНЕ МЕРЕ

Кључне законодавне и институционалне мере којима ће држава помоћи остварење постављених циљева су:
- сређивање финаснијског тржишта и свођење каматних стопа на прихватљив ниво;
- стимулације за извоз намештаја у форми ослобађања предузећа од плаћања пореза на добит корпорација у трајању од најмање 5 година;
- доношење законске регулативе за стимулисање формирања мешовитих предузећа (нпр. Пољска). Тренутно у Србији постоје 62 предузећа са мешовитим капиталом и 22 предузећа са

страним капиталом у преради дрвета. Доношењем одговарајуће законске регулативе и смањењем ризика улагања у Србију, број мешовотих и страних предузећа почео је постепено да расте. У прилог томе је и чињеница да је прва страна инвестиција у Србији у 2002. год. била управо у дрвној индустрији;

– смањење царинских стопа за увоз машина и опреме за обраду дрвета са садашњих 10-12% на 1-3%, у циљу модернизације технолошких процеса и повећања квалитета, а тиме и конкурентности производа од дрвета;

– повезивање малих и средњих предузећа у одговарајуће производно-пословне коалиције и стварање струковних асоцијација у циљу елиминисања међусобне конкуренције на ино-тржиштима. Ова мера је од велике важности због чињенице да је међусобна (често нелојална) конкуренција домаћих предузећа веома изражена, што је као последицу имало пад цена производима од дрвета који се извозе из Србије. Ово се посебно односи на резану грађу и фурнир;

– усаглашавање југословенских стандарда са стандардима Европске уније. Постојећи стандарди у области производње и извоза резане грађе, фурнира, шпер плоча и намештаја су одавно превазиђени;

– формирање центра за сертификацију производа од дрвета;

– учлањење домаћих асоцијација произвођача у одговарајуће европске асоцијације.

За реализацију постављених циљева развоја и извоза дрвне индустрије Србије до 2010. године потребна су инвестициона средства од око 150 милиона US$.

Поред инвестиција, важан фактор за успех постављене стратегије представљају позиције конкурентских земаља на тржишту Европске уније. Пре свега, то су Словенија, Хрватска, Пољска и Румунија, које су процес транзиције у дрвној индустрији почеле раније од Србије.

7. ЗАКЉУЧАК

Представљена стратегија дрвне индустрије Србије до 2010. године представља покушај да се интегришу сви релевантни чиниоци као и потенцијали са којима она располаже како би се ставили у функци-ју повећања бруто друштвеног производа, извоза и бржег развоја еко-номије у целини. Због тога ова стратегија представља визију шта се у Србији може остварити до 2010. године када је у питању дрвна индус-трија, а да ли ће бити остварено, и у којој мери то зависи од много фактора. Овом стратегијом нису исцрпљене све развојне могућности и потенцијали дрвне индустрије Србије, па ће она као таква бити предмет даље доградње и прилагођавања околностима какве буду у економији у наредном периоду.

ЛИТЕРАТУРА

Главоњић Б. (2001): *Дрвна индустрија*, Југословенски преглед 3, Југословенски пре-глед, Београд.

Главоњић Б. *et al.* (2001): *Развој дрвне индустрије Република бивше СФРЈ*, Дрварски гласник 39-40, СИТШИПДС, Београд

Главоњић Б. (1999): *Извоз букове резане грађе Србије - развој и проблеми I*, Дрварски гласник, СИТШИПДС, Београд

Главоњић Б. (2000): *Извоз букове резане грађе Србије - развој и проблеми II*, Дрварски гласник, СИТШИПДС, Београд

Нешић М. (1999): *Мала предузећа у дрвној индустрији Србије*, Дрварски гласник 31-32, Београд

Нешић М. (2001): *Управљање структурним променама у предузећима за производњу намештаја у Србији*, Зборник радова, Преддвор, Словенија

(2002): *Стратегија привредног развоја Србије до 2010. године*, радна верзија, Министар-ство за науку, технологије и развој, Београд

Билтени и годишњаци Статистичког завода Србије

Публикације и билтени, ЗОП и НБЈ

МАП, ИЕН, Београд (разни бројеви)

Интернет базе података